ISAAC NEWTON
E SUA MAÇÃ

de Kjartan Foskitt
Ilustrações de Philip Reeve
Tradução de Eduardo Brandão
Revisão técnica de Iole de Freitas Druck

33ª reimpressão

SEGUINTE

Aos professores da Bootham School no período de 1969 a 1974, especialmente Gerard Wakeman (física), David Champion e Rodney Wills (matemática), Michael Allen e Peter Heywood (inglês) e dr. Chris Moore (alquimia e pirotécnica para aspirantes a roqueiro). Graças a vocês, o guitarrista cabeludo e barulhento, de jeans desbotados e esfarrapados, se tornou pouco a pouco um biógrafo de cientistas careca, de jeans desbotados e esfarrapados.

Copyright do texto © 1999 by Kjartan Poskitt
Copyright das ilustrações © 1999 by Philip Reeve
O selo Seguinte pertence à Editora Schwarcz S.A.
Grafia atualizada segundo o Acordo Ortográfico da Língua Portuguesa de 1990, que entrou em vigor no Brasil em 2009.

Título original:
Isaac Newton and His Apple

Preparação:
Márcia Copola

Revisão:
Beatriz de Freitas Moreira
Ana Maria Barbosa

Atualização ortográfica:
Verba Editorial

Dados Internacionais de Catalogação na Publicação (CIP)
(Câmara Brasileira do Livro, SP, Brasil)

Poskitt, Kjartan
  Isaac Newton e sua maçã / Kjartan Poskitt ; ilustrações de Philip Reeve ; tradução de Eduardo Brandão ; revisão técnica de Iole de Freitas Druck. — São Paulo : Companhia das Letras, 2001.

  Título original: Isaac Newton and His Apple
  ISBN 978-85-359-0179-5

  1. Cientistas - Biografia - Literatura infantojuvenil 2. Newton, Sir Isaac, 1642-1727 - Literatura infantojuvenil I. Reeve, Philip. II. Título

01-5041   CDD-028.5

Índices para catálogo sistemático:
1. Cientistas: Literatura infantojuvenil   028.5
2. Cientistas: Literatura juvenil   028.5

2023

Todos os direitos desta edição reservados à
EDITORA SCHWARCZ S.A.
Rua Bandeira Paulista, 702, cj. 32
04532-002 — São Paulo — SP — Brasil
Telefone: (11) 3707-3500
www.seguinte.com.br
contato@seguinte.com.br

🇫 /editoraseguinte
🐦 @editoraseguinte
▶ Editora Seguinte
📷 editoraseguinteoficial

Composição: *Américo Freiria*
Impressão: *Geográfica*

A marca FSC® é a garantia de que a madeira utilizada na fabricação do papel deste livro provém de florestas que foram gerenciadas de maneira ambientalmente correta, socialmente justa e economicamente viável, além de outras fontes de origem controlada.

SUMÁRIO

Por que Isaac Newton é um morto de fama?   5

A estranha história de Alice   9

Um mau começo   11

E aí, Isaac, vai fazer o quê?   26

Aristóteles e alguns outros caras   30

O amigo do Isaac   38

Um começo a jato   40

Um pouco de peste   50

Cálculo diferencial: milagre matemático   56

O "Super-G"   69

Alice dá uma deixa...   81

... e Isaac pega a deixa   82

Um lance de cor   86

O segundo milagre matemático   92

Tempo quente em Londres   96

O herético secreto   101

De volta a Cambridge	103
Isaac fica famoso de morrer	110
As pesquisas esquisitas do Isaac	120
Um pontapé providencial	124
Três caras tomam café	128
O fim do éter	131
A nova torcida do Isaac	135
O livrão da ciência	138
Enquanto isso, no trono...	158
Afinal, novos amigos	164
O pesadelo do falsário	171
As horas livres do Isaac	178
Isaac obtém sua resposta final	188
Depois de Isaac	190
Alice se despede	192

POR QUE ISAAC NEWTON É UM MORTO DE FAMA?

Apesar de Isaac Newton ter vivido há trezentos anos e não ter sido rei nem nenhuma dessas coisas que chamam a atenção, quase todo mundo ouviu falar dele. E tem mais: ele vai ser famoso de morrer até o fim dos tempos. Mas você sabe por quê?

Um dia o Isaac estava sentado no seu jardim, à sombra de uma macieira, quando...

5

Isaac Newton e sua maçã

Se isso acontecesse com você, o que você diria?

Imagine que você seja como o Isaac e tenha dito: "O que fez a maçã cair?". Qual teria sido sua resposta?

Depois que o Isaac começou a pensar sobre o caso da maçã, nada mais pôde detê-lo, e, é claro, ele acabou chegando à noção da gravidade.

Aí está: é por isso que o Isaac é famoso de morrer.

Então, muito obrigado por ler este livro e espero que não tenha lhe tomado muito tempo.

Por que Isaac Newton é um morto de fama?

Na verdade, se você estiver interessado, tem um pouquinho mais, de modo que se você quiser saber...

- por que ele enfiava coisas embaixo do globo ocular e quase ficou cego;
- como ele conseguiu decompor a luz;
- como ele inventou todo um novo sistema matemático;
- por que ele sempre queria guardar para si suas brilhantes descobertas;
- por que ele queria tocar fogo na mãe (dele);
- por que a Igreja o odiava;
- por que os falsários o odiavam;
- por que, na verdade, quase todo mundo o odiava;
- por que newtons demais matariam você;
- por que ele quase foi parar na forca;
- de quem era o nariz que ele esfregou na parede de uma igreja, e
- como ele conseguiu, acima de tudo, ser tão inteligente

... está tudo aqui. Então leia!

Uma dica antes de você começar

A vida do Isaac é uma história fascinante, e quando você acabar de lê-la, vai entender por que tanta gente acha que ele foi o maior cientista de todos os tempos.

Isaac Newton e sua maçã

Claro, isso quer dizer que este livro vai conter um pouco de ciência, para não falar de matemática. Assim, você tem duas opções:

1 Para uma leitura fácil e gostosa, não hesite em pular as partes técnicas. Afinal, você sempre pode voltar a elas mais tarde.

2 MAS, se você quiser tirar o máximo proveito de toda a experiência fabulosa do Isaac, mergulhe de cabeça no texto! Além de descobrir como o Isaac era inteligente, você poderá ter a agradável surpresa de descobrir como você também é inteligente!

E aí? Está pronto?

Ótimo! Escolha uma posição bem confortável, que lá vamos nós...

A ESTRANHA HISTÓRIA DE ALICE

Alice fez seu ingresso no mundo quando a mãe dela foi esmagada pelo casco de um cavalo no mercado de Grantham. Ela era apenas uma das muitas sementinhas marrons espalhadas entre as pedras que calçavam a rua, mas Alice nem ligou. Esperava da vida muito mais que aquilo.

Na mesma noite, quando a agitação do mercado serenou, Alice notou um passarinho enorme vindo em sua direção. (Na verdade, o passarinho não passava de um jovem pardal, mas era enorme comparado com Alice.) Num segundo ele a apanhou com o bico, e momentos depois Alice se viu aninhada bem lá dentro do intestino quentinho da ave. Alice sabia que tivera sorte. Dos seus milhares de irmãos e irmãs, muitos seriam reduzidos a fragmentos sem vida por pequenos roedores, e era quase certo que o resto ficaria apodrecendo nas pedras áridas, mas pelo menos a Alice fora dada uma oportunidade.

Alice percebia a forte movimentação ritmada à sua volta, quando os músculos do passarinho se retesavam para que ele pudesse voar. Pouco a pouco o intestino, contraindo-se, empurrou Alice para uma cavidade forra-

Isaac Newton e sua maçã

da de matéria rica e nutritiva, e Alice sentiu imediatamente a centelha da vida se acender dentro de si.

De repente, com um derradeiro impulso dos músculos traseiros do passarinho, Alice foi ejetada. Envolta com toda a segurança numa viscosa massinha branca sarapintada de preto, caiu e aterrissou na grama levemente molhada pelo orvalho da noite. Mais uma vez Alice teve sorte. A vida ardia dentro dela, tudo de que precisava estava ali à sua volta, e ela iria sobreviver.

Claro, Alice era cega, Alice era surda, Alice não sentia cheiros e tinha apenas uma vaga noção de tato. Mas Alice possuía uma coisa: o conhecimento que herdara da mãe. Conhecia a vida, conhecia a natureza, sabia como as coisas são e como as coisas vêm a ser. Alice esperava um dia ser capaz de ter seus próprios filhos e transmitir a eles esse mesmo conhecimento. Claro, o que Alice nunca poderia imaginar é que um dia iria partilhar uma parcela ínfima do que sabia com alguém de uma espécie totalmente diversa da sua.

Alice iria mudar a história, mas não antes de uma porção de coisas acontecerem.

UM MAU COMEÇO

CERTIDÃO DE NASCIMENTO

NOME: Isaac Newton

DATA DE NASCIMENTO: 25 de dezembro de 1642

LOCAL DE NASCIMENTO: Solar de WoolsThorpe, perto de GranTham, Lincolnshire

PAI: Isaac Newton (morto em outubro de 1642)

PROFISSÃO DO PAI: Pequeno fazendeiro

MÃE: Hannah Newton (ou Hannah Ayscough, antes de se casar)

PROFISSÃO DA MÃE: Fazendeira

OBSERVAÇÃO DO MÉDICO: A criança não tem esperança de vida.

Isaac Newton e sua maçã

Isaac nasceu à meia-noite e vinte do Natal do ano de 1642, semanas depois de seu pai morrer. O nascimento de Isaac foi tão prematuro, que seu corpo miúdo caberia num jarro de meio litro, que é mais ou menos do tamanho de uma caneca. Ninguém esperava que o frágil bebê passasse daquele dia.

Mas mesmo na tenra idade de algumas horas Isaac surpreendia as pessoas. Ele não só sobreviveu até a noite seguinte, como continuou vivendo por 84 saudáveis anos.

Quando Isaac tinha mais ou menos um ano, a vida na Inglaterra mudou de repente...

Um mau começo

Houve alguns combates e incendiaram algumas casas em Lincolnshire, mas os Newton felizmente escaparam do pior da Guerra Civil. Os problemas do Isaac, no entanto, começaram logo depois que ele fez três anos, quando sua mãe se casou com um pastor de 63 anos chamado Barnabas Smith. Hannah foi viver na paróquia do marido, em North Witham, mas apesar de esta ficar a poucos quilômetros de Woolsthorpe, o pequeno Isaac não foi convidado a acompanhá-los. Deixaram o menino por lá, com a avó, a sra. Ayscough.

Coitado do Isaac. Passava a maior parte do tempo matutando...

Mas de vez em quando ele manifestava seus sentimentos e chegou até a ameaçar...

Apesar de se sentir tão infeliz, ainda criança Isaac começou a se interessar por coisas como relógios de sol. Era capaz de ficar sentado horas a fio observando as sombras

Isaac Newton e sua maçã

resultantes do movimento do Sol e marcando suas posições em horas fixas do dia. Essa preocupação com o movimento do Sol iria acompanhá-lo o resto da vida, e mesmo já idoso ele diria as horas olhando as sombras em vez de um relógio.

O reverendo Barnabas acabou morrendo quando o Isaac tinha dez anos, e sua mãe voltou para Woolsthorpe. Voltou com um bom dinheiro no bolso, e também com novos filhos: Marie, de seis anos; Benjamin, de três, e um bebê, Hannah. Por dois anos eles viveram como uma família, e no início da adolescência Isaac era meio que uma figura paterna para os outros, especialmente para a pequena Hannah.

Naquela época, as crianças que viviam no campo aprendiam apenas o que necessitariam para trabalhar nas fazendas, e, se seu pai não tivesse morrido, é bem possível que Isaac não tivesse aprendido nem mesmo a ler e escrever. Mas como a mãe do Isaac tinha algum dinheiro e não sabia o que fazer com aquele filho esquisito, assim que ele completou doze anos mandou-o para a Escola de Gramática Rei Eduardo VI, em Grantham.

Um mau começo

Por que uma escola de gramática se chamava escola de gramática? Porque lá se aprendia gramática. Em outras palavras, a maior parte do tempo se aprendia gramática latina, mas para refrescar um pouco também ensinavam um pouco de gramática grega.

E matemática, arte, trabalhos manuais, ciências humanas, ciências naturais, educação física etc.?

Não dava tempo. Todos estavam muito ocupados aprendendo gramática!

Na verdade, a gramática não era tão inútil quanto parece. Latim era a língua dos antigos romanos e, embora ninguém a usasse para seus afazeres cotidianos em 1654, era a única língua que todas as pessoas instruídas da Europa conheciam, além daquela falada em seus países, claro. Isso quer dizer que alemães, franceses, espanhóis, portugueses, ingleses e italianos se entendiam sem que precisassem saber uns a língua dos outros.

Latim era mais ou menos assim:

DIE DULCE FRUERE

Isaac Newton e sua maçã

Se você acha complicado, olhe só como era o grego antigo:

Γρεγο Αντιγο

Era útil saber um pouco de grego também, porque a maioria das coisas inteligentes pensadas antes da época do Isaac tinham sido escritas em grego, até o Novo Testamento da Bíblia, que viria a ser tão importante para o Isaac. Quem soubesse grego poderia achar exatamente o que queria sem precisar que alguém traduzisse (e provavelmente traduzisse mal).

Devo dizer que, nos primeiros tempos, Isaac não se sentia nem um pouco animado a aprender línguas mortas e não demorou a ser um dos últimos da classe.

Isso não quer dizer que ele era preguiçoso. Muito pelo contrário: a casa do sr. Clark, o boticário, com quem morava, ficou cheia de relógios de sol. (Não precisa quebrar a cabeça: boticário é o antigo nome de farmacêutico.) Aliás, chegou a hora de conhecer o sr. Clark e sua família, porque a maioria deles vai aparecer mais adiante...

Um mau começo

Isaac Newton e sua maçã

Foi graças a Arthur, enteado do sr. Clark e o durão da escola, que um dia Isaac mudou totalmente de atitude.

Um mau começo

Isaac Newton e sua maçã

Sim, de repente o Isaac tomou uma decisão. Ia ser melhor que todo mundo que ele conhecia em tudo o que pudesse.

Isaac toma uma atitude

Ele não só atacou o latim — que aprendeu a ler e escrever tão bem quanto o inglês —, mas também divertia todo mundo com sua habilidade em construir modelos de moinho de vento, relógios de água e outras maravilhas mecânicas, muitas vezes trabalhando neles aos domingos, em vez de estudar a Bíblia como deveria. Seu passatempo era fazer papagaios de papel com fogos de artifício presos no rabo e empiná-los à noite para assustar as pessoas. Outra esquisitice dele era a seguinte: não conseguia resistir a escrever nas paredes. Os temas dos grafites podiam ser tanto invenções como figuras geométricas, ou até mesmo retratos de gente, como o rei Carlos I... e isso era um perigo!

Naqueles dias, Oliver Cromwell corria o país. Tinha levado seis anos para derrotar o rei Carlos, e chegou ao extremo de executá-lo. (O rei teve a cabeça cortada, mas a costuraram de volta no lugar antes de pô-lo no caixão.

Um mau começo

Boa ideia, não é?) Cromwell era um puritano radical, por isso queria que o culto nas igrejas fosse o mais simples e sem graça possível, para que nada pudesse distrair os fiéis da prece. Detestava em especial seus inimigos católicos por usarem trajes bonitos e espalharem incenso na igreja deles. Cromwell queria determinar até como as pessoas deviam se comportar fora da igreja...

Nem é preciso dizer que Oliver Cromwell não teria ficado nem um pouco contente com o garoto que desenhou o retrato do velho rei nas paredes da cidade! Alguns anos depois, esse pequeno detalhe da vida de Isaac se revelaria muito importante.

Além de aprender latim e grego na escola, Isaac passava horas estudando química, matemática, mecânica e astronomia numa pilha de livros que o irmão gênio do sr. Clark, o dr. Clark, deixara na casa do boticário. Isaac descrevia tudo o que descobria e fazia num caderninho que tinha comprado por uns trocados, e esse caderninho ainda existe: está guardado na biblioteca Pierpont Morgan, em Nova York.

Isaac Newton e sua maçã

Aos dezessete anos, Isaac estava divertindo as pessoas quando sua mãe disse...

Nem é preciso dizer que o Isaac não tinha o menor jeito para trabalhar em fazendas. Logo inventou um modo de escapulir e estudar, mas as coisas nem sempre corriam conforme o planejado. Foi levado ao tribunal porque suas ovelhas escaparam e fizeram o maior estrago; seus porcos invadiram o milharal do vizinho, e suas cercas estavam caindo aos pedaços. Tomou uma multa de quatro xelins e quatro vinténs [o equivalente, hoje, a cerca de trezentos reais]. Pior que isso, foi fichado na polícia!

Sua mãe e sua avó achavam que ele era um imprestável, mas Isaac logo, logo iria ter um pouco de sorte. Seu tio Bill (oficialmente conhecido como reverendo William Ayscough, de Burton Coggles, Lincolnshire) estudara no Trinity College de Cambridge e entendeu que, se Isaac conseguisse entrar na célebre instituição, seu talento não seria desperdiçado. Com o professor de Isaac, o sr. Stokes, convenceu a mãe de Isaac a deixá-lo voltar à escola para se preparar para a universidade.

Um mau começo

Em 1660, Isaac foi morar de novo com o sr. Clark, o boticário. O que deve ter lhe agradado muito, porque o sr. Clark tinha não só todos os livros de que Isaac gostava, mas também uma jovem enteada, Catherine Storer, que achava Isaac o máximo, e os dois tiveram um namorico, que não levou a nada sério — mas é interessante citá-lo, porque foi praticamente a única vez na vida que o Isaac saiu com alguém.

No ano seguinte ele entrou para o Trinity College. Com dezoito anos, era cerca de dois anos mais velho que a maioria dos calouros, e também era, de longe, o mais pobre...

DIÁRIO INENCONTRÁVEL DO ISAAC

Mamãe não mandou o dinheiro que eu precisava, embora pudesse mandar, enTão Tenho de Trabalhar para me susTenTar. Como é que eu posso esTudar, se Tenho de arranjar Tempo para limpar os quarTos e esvaziar os penicos dos alunos ricos?

Ainda assim esTou feliz, porque esTou Trabalhando para o irmão da sra. Clark, Humphrey BabingTon, que é muiTo imporTanTe no TriniTy. Talvez um dia isso possa me ser úTil. Escrevo esTa noTa enquanTo os ouTros alunos esTão comendo. Só quando eles acabarem é que a genTe pode limpar os praTos.

vire→

Isaac Newton e sua maçã

> deles e ver se deixaram alguma coisa para a gente comer.
> Afinal, uma boa notícia: H. B. só vai ficar cinco semanas na faculdade este ano, então logo vou ter mais tempo para mim.

Era uma época e tanto para estar em Cambridge, porque a Inglaterra tinha de novo um rei, o "alegre monarca" Carlos II, filho de Carlos I. Nos tempos de Cromwell, a maioria dos cargos de professor em Cambridge fora dada a puritanos, mas agora eles seriam postos no olho da rua e substituídos por gente nova, que daria ao Isaac oportunidade para progredir. A maioria dos outros alunos vivia farreando, e somente uns poucos tinham intenção de se diplomar. Claro, é por isso que todos, mortos e enterrados faz tempo, estão completamente esquecidos. Mas com Isaac foi diferente. Durante uns quatro anos ele

Um mau começo

estudou tudo o que lhe caiu nas mãos, muitas vezes varando a noite — e quando não estava estudando, tentava desesperadamente organizar suas ideias religiosas fazendo longas listas dos seus pecados! Essas listas incluíam coisas de anos anteriores:

Formou-se finalmente em janeiro de 1665.

Foi então que o cérebro de Isaac Newton ficou cem por cento regulado, calibrado, abastecido e pronto para conquistar o mundo.

E AÍ, ISAAC, VAI FAZER O QUÊ?

Antes de vermos o que o Isaac descobriu e inventou, tem uma coisa que você precisa saber. Isaac não se considerava matemático ou cientista; em vez disso, dizia que era um *filósofo natural*. Como tantas grandes cabeças antes dele, Isaac utilizava a matemática e as ciências apenas para encontrar as respostas para grandes questões como:

E aí, Isaac, vai fazer o quê?

Além da matemática e das outras coisas que estudava em Cambridge, Isaac tinha outros três interesses especiais...

A Bíblia

Fossem católicos ou protestantes, naquela época todos baseavam suas opiniões no que liam na Bíblia. Isaac também era muito religioso e ansiava por descobrir tudo o que pudesse sobre Deus, mas não gostava que lhe dissessem o que devia pensar. Passou um tempão analisando a Bíblia e tentando aprender religião por conta própria, até que chegou à conclusão de que, afinal de contas, a Bíblia não era tão perfeita assim. Isso iria lhe causar sérios problemas!

Alquimia

A alquimia era um tema interessantíssimo: um tipo de cruzamento de química com magia. Os alquimistas queriam saber por que certas coisas (como a água e o óleo) não se misturam e por que os ímãs atraem metal. O grego Aristóteles já tinha falado sobre isso; em particular, defendeu a ideia de que "tudo tende para a perfeição" — maneira incrivelmente vaga de explicar tudo, desde o motivo por que as coisas caem no chão ao motivo por que as flores crescem na direção do Sol. Por ser tão cômoda, essa ideia da perfeição das coisas era muito apreciada pelos alquimistas.

As experiências dos alquimistas requeriam forças ou poderes estranhos do próprio alquimista, de modo que, para a experiência funcionar, ele tinha de ser o mais puro e perfeito possível. Isso implicava não apenas ser muito religioso, mas também seguir a religião *certa*. Não é de espantar que Isaac tenha estudado a Bíblia tão a fundo: ele queria entendê-la "certo"! As experiências alquímicas

Isaac Newton e sua maçã

também podiam depender da posição dos astros no céu, o que levou Isaac a se interessar por mais uma coisa.

Havia especialmente duas coisas que os alquimistas ansiavam por descobrir: uma era o "elixir da longa vida", uma poção que prolongaria a vida; a outra era a "pedra filosofal", uma substância tão perfeita que teria o poder de transformar qualquer metalzinho ordinário em ouro.

Graças a Aristóteles, os alquimistas acreditavam que tudo era feito de uma mistura de quatro elementos básicos: ar, fogo, água e terra. Durante milhares de anos, basearam suas experiências nessa ideia, e nos tempos do Isaac apenas poucos deles haviam começado a pensar que poderia existir um conjunto diferente de elementos químicos. Aristóteles chegara a dizer que, se a gente conseguisse alterar as quantidades desses elementos em algum corpo, a gente obteria outra coisa — e era em parte por

E aí, Isaac, vai fazer o quê?

isso que os alquimistas tinham a esperança de que dentro de qualquer bloco velho de metal havia uma barra de ouro aguardando por ser extraída.

Temos de admitir que às vezes um alquimista chegava a resultados e descobertas úteis, mas em geral eles não descobriam nada que prestasse. Contudo, como muita gente inteligente antes dele, o Isaac levou isso tudo muito a sério.

Outros filósofos

Para desenvolver suas ideias, Isaac também estudava os filósofos antigos, e o pessoal em Cambridge apreciava particularmente Aristóteles. Precisamos saber um pouquinho mais sobre Aristóteles e alguns outros caras, e é sobre eles que o capítulo seguinte vai falar. Mas antes de você começar a lê-lo, vou avisando que tem uns trechos meio cabeludos.

ARISTÓTELES E ALGUNS OUTROS CARAS

Aristóteles foi um filósofo e cientista grego que viveu de 384 a 322 a. C. Estudou astronomia, ciências naturais, ética e lógica, e, como já vimos, tinha até ideias próprias sobre alquimia. Uma das principais conclusões a que ele chegou foi a seguinte:

A Terra é o centro do Universo, e o Sol e todo o resto se movem em torno dela.

Aristóteles tinha um argumento mais que convincente para sustentá-la:

Aristóteles e alguns outros caras

Aristarco

Por mais inteligente que a gente seja, sempre tem alguém que não acredita na gente. Um grego chamado

Aristarco, que viveu uns cem anos depois de Aristóteles, era partidário do sistema "heliocêntrico" — acreditava que o Sol estava no centro do Universo e que tudo, inclusive a Terra, girava em torno do Sol (*hélio* em grego é "sol", e *cêntrico* significa "no centro") —, mas ninguém o levava a sério. Acima de tudo, a ideia de que a Terra era o centro de tudo agradava aos religiosos. Essa gente era poderosa demais, e quem pensasse diferente deles tinha de ficar de bico calado se não quisesse encrenca.

Na época do Isaac, cerca de 2 mil anos mais tarde, Cambridge ainda era antiquada e presa às ideias de Aristóteles, mas nos outros lugares da Europa elas começavam a ser vistas com desconfiança cada vez maior. Para saber por quê, voltemos ao tempo dos gregos antigos...

Isaac Newton e sua maçã

Os antigos acompanhavam o movimento dos planetas com muita atenção, o que não é nada estranho. Se você achasse que havia um deus meio zangado zanzando pelo céu, também ficaria de olho nele, não ficaria? (Além do mais, naquela época não tinha televisão, de modo que observar o céu proporcionava alguma distração às pessoas antes de elas irem para a cama.) Eles desenharam cartas celestes que mostravam a Terra no centro do Universo, e traçaram as trajetórias que o Sol e os planetas pareciam descrever ao se moverem no céu. O resultado foi mais ou menos este:

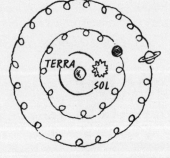

Para simplificar, a ilustração mostra apenas dois planetas, Júpiter e Saturno. Está vendo como eles parecem se mover fazendo o tempo todo uns cachinhos? É meio esquisito, não acha? (Apesar de até ser uma gracinha.)

Copérnico

No século XVI, as pessoas começavam a se perguntar por que os planetas se moveriam em trajetórias tão extravagantes. Era muito mais sensato imaginar que eles se moviam de forma mais simples. Foi em 1510 que o monge polonês Copérnico se interessou pelas ideias heliocêntricas de Aristarco e desenhou uma versão do movimento dos planetas com o Sol no centro. Embora ele não estivesse cem por cento certo, sua versão parecia muito mais razoável:

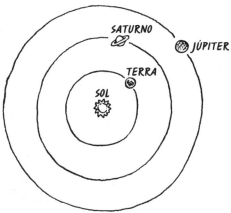

O pobre Copérnico ficou tão chateado ao ver sua versão do espaço deixar todo mundo de cabelo em pé, que a segurou por trinta anos. Quando o livro dele finalmente foi publicado, em 1543, causou todo tipo de problemas, mas pelo menos Copérnico não se enrolou com eles: morreu quase no mesmo instante em que viu o primeiro exemplar.

Isaac Newton e sua maçã

Johannes Kepler e Tycho Brahe

No fim do século XVI, cerca de cinquenta anos antes do nascimento do Isaac, um exemplar do livro de Copérnico chegou às mãos do astrônomo alemão Johannes Kepler (1571-1630), que era muito inteligente apesar de ter vários probleminhas pessoais (tinha péssima vista, vermes, botões na pele e hemorroidas; sua primeira mulher e seus filhos morreram, e, mais tarde, ele dedicou boa parte da vida a evitar que sua mãe fosse queimada como feiticeira).

Kepler foi convidado a trabalhar com o rico astrônomo dinamarquês Tycho Brahe (1546-1601), que tinha uma ilha equipada com os melhores instrumentos disponíveis para observar o céu. (Tycho também tinha uma prisão em sua ilha, um anão vidente e um nariz feito de ouro e cera, porque seu nariz verdadeiro fora arrancado numa briga.)

Kepler se interessava por todo tipo de coisa, por exemplo:

- descobriu como os olhos funcionam e por que precisamos de dois olhos para avaliar distâncias;
- mostrou como deviam ser feitos bons óculos e telescópios, e
- inventou métodos para calcular a distância das estrelas.

No entanto, do ponto de vista do Isaac, o principal feito de Kepler foram suas três leis sobre o movimento planetário, de que voltaremos a falar mais adiante.

Galileu

Tem mais dois caras que precisamos conhecer antes de voltar ao Isaac. Um deles é o italiano Galileu Galilei (1564-1642), mais conhecido por Galileu, para simplificar. O que sabemos sobre ele?

Era grosso, arrogante, gritalhão, teimoso que nem uma mula, louco por uma boa briga, não hesitava em se apropriar das ideias alheias, mas acima de tudo tinha uma inteligência fora do comum. Um livro sobre Galileu seria apaixonante, mas, se você ainda se lembra, este é sobre Isaac Newton, de modo que só vamos recordar duas coisas que o Galileu fez:

- jogando coisas do alto de edifícios, mostrou que a aceleração dos objetos ao cair é constante (veremos daqui a pouco como foi que ele fez);
- proclamou que a ideia de Aristóteles de que a Terra era imóvel estava errada. (Ele tinha razão, mas se desentendeu com o papa por causa disso e acabou sendo forçado a se desdizer.) Disse que podemos afirmar que a Terra se move porque é o movimento dela que faz a maré subir e baixar (no que ele se enganou, e o papa adorou lhe dizer isso).

Isaac Newton e sua maçã

Se você quiser ter uma pequena ideia de como era Galileu, um dos dedos dele está exposto num museu de Florença. Não é uma graça?

Descartes

O último cara que precisamos conhecer é René Descartes. Ele viveu de 1596 a 1650 e cutucou o ponto fraco de Aristóteles. A maior parte das ideias de Aristóteles se baseava em maluquices como a de que tudo era produto da terra, do fogo, da água e do ar, tudo "tendia à perfeição" e "buscava seu devido lugar".

Descartes era muito mais atualizado e disse que a natureza era como uma máquina. Tudo podia ser medido, e havia uma sólida razão mecânica para tudo o que acontecia. E no fim se viu que ele tinha razão: aplausos para o Descartes!

(Descartes tentou encontrar algumas sólidas razões mecânicas para o movimento dos planetas e coisa e tal, mas para azar dele todas se revelaram totalmente erradas: vaias para o Descartes.)

Nem é preciso dizer que Descartes deixou de cabelo em pé todo tipo de gente, que não via onde é que Deus

Aristóteles e alguns outros caras

podia se enquadrar nesse esquema — em meio a essa gente, um grupo de crânios de Cambridge chamados "platônicos". Isaac dava muita atenção aos platônicos, que incluíam Isaac Barrow (que você voltará a encontrar mais à frente) e Henry More (que você não voltará a encontrar, apesar de, ao que parece, ele ter sido um cara muito legal). Como os outros, o Isaac não estava nada satisfeito com a situação em que Deus ficara, mas percebeu que as ideias básicas de Descartes eram bem melhores que as de Aristóteles. Foi Descartes que, de várias maneiras, fez o Isaac incorporar a matemática a seus estudos filosóficos.

Bom, já chega de Aristóteles e dos outros caras. Está na hora de voltar ao Isaac.

O AMIGO DO ISAAC

Um capítulo pequeno e simpático, sem nada de complicado

Além de estudar Aristóteles e os outros caras, outra coisa que aconteceu com Isaac Newton em Cambridge foi que ele arranjou um bom amigo.

John Wickins era de Manchester e foi para Cambridge mais ou menos na mesma época que Isaac. Quando chegou, teve de dividir o quarto com um cara grosso que ele detestava, por isso costumava sair para evitar a companhia do sujeito. Um dia, cruzou com o Isaac, que estava com o mesmo problema, e os dois resolveram morar juntos.

Wickins estudava religião seriamente, mas estava sempre metido com os livros, garrafas e outros apetrechos do Isaac. Para sorte do Isaac, Wickins era ótima pessoa e sempre o ajudava a preparar as experiências, a controlá-las, e até passava a limpo as notas do Isaac. Wickins também fazia de tudo para que o Isaac comesse e dormisse direito, mas geralmente fracassava.

Wickins teve de engolir uma esquisitice daquelas quando o Isaac cismou de decorar o quarto deles. O caso era que o Isaac tinha mania de uma cor: vermelho!

O amigo do Isaac

Cadeiras, camas, almofadas, cortinas, tudo era vermelho-vivo. Isaac tinha até uma receita para fazer tinta vermelha com sangue de carneiro. O quarto devia deixar os nervos do Wickins à flor da pele...

Embora eles tenham morado juntos por vinte anos, Wickins nunca contou muita coisa sobre o período que passou com Isaac — nem mesmo quando, mais tarde, era sondado por seu filho. É estranho, porque ele devia ter um montão de coisas para contar!

Infelizmente, eles acabaram se desentendendo, mas ainda não chegamos nesse ponto.

UM COMEÇO A JATO

Quando Isaac se formou em Cambridge, em janeiro de 1665, não perdeu tempo.

Um começo a jato

Quais foram todas essas coisas que ele desenvolveu nos primeiros meses fora da universidade? Vamos examiná-las uma a uma e, como a maioria de nós não é tão inteligente quanto o Isaac, vamos tratar de simplificar o máximo.

Antes do teorema do binômio

Nos anos anteriores à época de Isaac, foram inventados alguns métodos manuais de cálculo que eram muito úteis, especialmente para a mortal matemática requerida pela astronomia. Antes de sermos apresentados à genial descoberta do binômio, talvez você queira conhecer algumas outras coisas que foram descobertas pouco antes. (Se você achar que elas são muito cabeludas, feche os olhos e corra para a página 46.)

Isaac Newton e sua maçã

Decimais

Em 1585, um flamengo chamado Stevin sugeriu o uso das frações decimais. (Flamengo era quem nascia em Flandres, região hoje repartida entre Holanda, Bélgica e França.)

$$\frac{1}{2} = 0,5 \qquad \frac{1}{11} = 0,090909$$

$$\frac{1}{3} = 0,333333 \qquad \frac{1}{12} = 0,083333$$

$$\frac{1}{10} = 0,1$$

Claro, atualmente todos nós estamos familiarizados com os decimais graças às calculadoras de bolso. Por exemplo, se você faz 1 ÷ 5, acha 0,2, que é a forma decimal de um quinto.

Logaritmos

Outra ideia brilhante foi a de um barão escocês chamado Napier, que inventou os logaritmos. Eles possibilitam fazer, de forma simples, multiplicações e divisões de números complicados. Os logaritmos também tornavam muito mais fácil calcular "potências", que sempre aparecem nos cálculos da astronomia. Era quase impossível lidar com coisas antipáticas como x³ ou mes-

O BARÃO NAPIER E SEUS LOG A RITMOS

Um começo a jato

mo $\sqrt{y}$, antes dos logs — um sistema tão bom que as pessoas só pararam de usá-lo há uns 25 anos, quando as calculadoras se popularizaram.

O tal do Descartes de novo

Além de acabar com o Aristóteles, o filósofo Descartes inventou as "coordenadas cartesianas", um sistema que servia para determinar a posição das coisas e que possibilitou desenhar equações algébricas na forma de gráficos. Sacou? Des<u>cartes</u> inventou o sistema <u>cartesia</u>no. Eles adoravam emprestar seus nomes, não é? Em todo caso, eis como funciona essa coisa de equação-gráfico:

A primeira coisa que você precisa fazer é desenhar dois eixos num papel quadriculado. Primeiro desenhe uma linha para cima: esse é um eixo. Depois trace uma linha para a direita: esse é o outro eixo. Você tem então os dois eixos do sistema cartesiano.

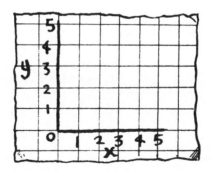

A linha que sobe é o eixo dos y, e a linha que vai para a direita é o eixo dos x. Os dois eixos são numerados a partir do zero, que fica no ponto em que eles se encontram.

Isaac Newton e sua maçã

Se você for usar também números negativos, encompride um pouco os eixos. Assim:

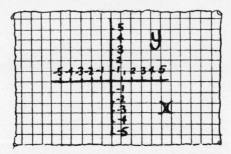

Feito isso, pode representar sua equação. Vamos começar com uma bem simples: y = x. Primeiro escolha um valor para x, digamos x = 1 para começar. Calcule então quanto deve ser y. É claro que, se sua equação é y = x, y também tem de ser 1, ora! Marque um ponto no gráfico acima do 1 do eixo dos x, na altura do 1 do eixo dos y.

Escolha outro valor para x, digamos 2, e calcule y, que no nosso caso também vai ser 2. Marque o ponto. Se quiser, pode marcar outros pontos para outros valores de x e y.

Quando tiver marcado os pontos, una-os e obterá uma linha.

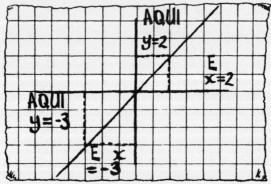

Um começo a jato

Como y = x é uma equação simples, você tem uma linda e simples linha reta.

E as linhas curvas? Vamos experimentar esta equação: y = x². (Isso é a mesma coisa que y = x vezes x. O 2 pequeno significa que você tem de multiplicar x por x. Se fosse um 3, você teria de multiplicar x por x por x, e assim por diante.)

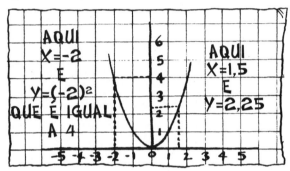

Como você pode ver, a linha une todos os pontos no gráfico em que o valor de y é igual a x². Por exemplo, se x = 1, então y = 1², que vale 1. Se x = 2, então y = 2², que vale 4. A linha também mostra todos os valores intermediários; por exemplo, se x = 1,5, então y = 1,5², que vale 2,25.

Esse tipo de curva se chama parábola, e talvez lhe interesse saber que, se você a virar ao contrário, ela representará a exata trajetória de uma bola quando atirada no ar.

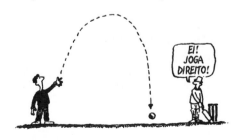

Isaac Newton e sua maçã

Para que serve isso tudo?

Bom, tem um monte de utilizações, mas para o Isaac o mais importante era que **as equações matemáticas podiam ser usadas para descrever como as coisas se movem**.

E, agora, o teorema do binômio do Isaac

Deixemos para lá as invenções dos outros. Porque você já deve estar louco para conhecer o teorema do binômio do Isaac; então olhe só como ele começa:

$$(a+b)^n = a^n + \frac{na^{n-1}b}{1} + \frac{n(n-1)a^{n-2}b^2}{1 \times 2} + \frac{n(n-1)(n-2)a^{n-3}b^3}{1 \times 2 \times 3} + \frac{n(n-1)(n-2)(n-3)a^{n-4}b^4}{1 \times 2 \times 3 \times 4} + ...$$

E assim continua, sempre, com cada número extra ficando cada vez mais complicado de calcular. Quando você os tiver calculado, descobrirá que o valor que achou para cada um foi ficando cada vez menor, cada vez menor, menor, menor... Legal, não é?

Agora, é claro que você adoraria saber de que trata exatamente esse teorema e como funciona, mas infelizmente não temos espaço aqui para explicar, e a única coisa que podemos dizer é que com o teorema do binômio você pode calcular logaritmos com exatidão e trabalhar com números complicadíssimos. O próprio Isaac se deixou entusiasmar um pouco por sua descoberta e trabalhou com números de até 55 casas decimais.

Um começo a jato

Tangentes

Em maio de 1665, Isaac se entendeu com as tangentes. Uma tangente é uma linha reta que toca uma curva num ponto. Eis algumas:

O que é que as tangentes têm a ver com o resto?

Todo mundo estava estudando a Lua, os planetas e suas trajetórias, e estava louco para saber por que eles se movem do jeito que se movem. O velho Aristóteles, ao dizer que "tudo busca o seu devido lugar", não ajudava nada.

Os astrônomos passavam horas e horas desenhando as trajetórias curvas dos planetas no papel e brigando com somas diabólicas para descrever o que viam. Tinham a esperança de que, se pudessem descrever com equações matemáticas exatamente como os planetas se moviam, poderiam entender o que os levava a se mover.

Observando um planeta durante um segundo, Isaac percebeu que ele se move na tangente de uma curva. Parece complicado? Bem, pense a coisa deste jeito...

Digamos que em vez de o planeta virar gradualmente em curva, ele virasse percorrendo uma série de linhas retas; assim:

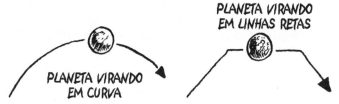

47

Isaac Newton e sua maçã

É claro que, se o planeta se move ao longo de cada linha reta, sua direção é, em cada uma, a direção da própria reta, o que torna as somas muito mais fáceis. Para tornar a trajetória do planeta mais parecida com uma curva, é só você usar um montão de retas bem curtinhas:

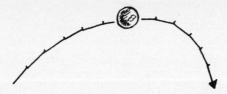

Você pode fazer as retas ficarem cada vez mais curtas, e aí a trajetória será uma curva perfeita — mas o caso é que, mesmo que suas linhas sejam minúsculas, elas continuarão sendo retas.

Se você quiser ver exatamente em que direção o planeta se move em qualquer instante, é só espichar a minúscula linha reta em que ele se encontra e ABRACADABRA... você tem uma tangente!

A TANGENTE MOSTRA A DIREÇÃO EXATA DO PLANETA NESTA POSIÇÃO DA CURVA

Isso levou Isaac à sua grande descoberta seguinte, que ele batizou de *fluxões* mas que o mundo acabou conhecendo como o temível...

Um começo a jato

Cálculo diferencial

Eis algumas coisas importantes que você precisa saber sobre o CÁLCULO:

- Rapazes e moças crescidos que se acham gênios na escola, secretamente morrem de medo dele.
- Os alunos tremem e suam frio só de ouvir essa palavra.
- Muita gente boa perdeu a cabeça tentando enfrentá-lo.
- Lido de trás para a frente fica OLUCLÁC, e se você tentar repetir *oluclác* vinte vezes, vai dar um nó na língua.
- Quando os professores de matemática descobrem que chegou a semana de começar a ensiná-lo, a maioria ou fica doente, ou se oferece para dar aula de francês ou de ginástica, ou até inventa o enterro de alguma tia.
- Não é tão ruim assim. Juro.

Tudo bem, é um pouco demais falar de cálculo diferencial quando você acaba de trombar com o teorema do binômio. Ainda bem que a história nos proporciona aqui uma pausa providencial, trazendo outra coisa que surgiu antes na vida do Isaac.

UM POUCO DE PESTE

Um capítulo curto e alegre para você esquecer o cálculo diferencial

Com tanta falação sobre todos os crânios e como eles faziam cálculos fantásticos sobre o movimento dos planetas etc. e tal, a gente quase esquece que a vida nas favelas de Londres era um horror. As ruas fediam por causa do esgoto a céu aberto e do cocô dos animais; num verão quente, as moscas e outros insetos formavam verdadeiras nuvens, e eram frequentes todos os tipos de doenças de pele. O pior de tudo: tinha rato por toda parte.

O porto de Londres era bastante movimentado naquela época, mas se alguém visse um par de ratos-pardos descendo de um navio, nem imaginaria que as pulgas desses ratos seriam responsáveis pela tremenda mortandade de mais de 80 mil pessoas, só em Londres.

Um pouco de peste

Folhas Populares

Dezembro de 1664

FRANCESES NA SARJETA

Dois marinheiros franceses foram encontrados mortos ontem numa sarjeta perto do teatro Drury Lane. "Estavam horríveis, cheios de caroços sangrentos no pescoço", disse a sra. Annie Clackett, que encontrou os corpos.

Desde então, a sra. Clackett, 37, tem se sentido mal. "Espero não ter pegado nada desses franceses", comentou.

As duas primeiras vítimas foram encontradas em dezembro de 1664, e não demorou muito para que outras se somassem a elas.

Isaac Newton e sua maçã

Folhas Populares

Dezembro de 1664: Última edição

DOENÇA MISTERIOSA ATACA OUTRA VEZ!

Uma mulher foi encontrada inconsciente ontem na rua; tremia, suava e estava coberta com seu próprio vômito. Acredita-se que se trate da sra. Annie Clackett, que descobriu os corpos dos marinheiros franceses na semana passada. A causa da sua doença está sendo investigada, e ainda não foram confirmados os boatos de que se trata de peste.

"Não há motivo para pânico", disse o agente do governo que a examinou. "Tenho certeza de que é um mal inofensivo."

EXPERIMENTE EMPADÕES DE PORCO PUDDY

Praticamente sem vermes ou bichos — Garantimos!

Enquanto isso, na imundície das valas de esgoto londrinas, os causadores da doença se multiplicavam velozmente. As pulgas do continente trouxeram com elas a peste bubônica e, transportadas pelos ratos da cidade, logo se espalharam por toda a capital. Uma simples mordidinha dessa pulga era suficiente...

Um pouco de peste

Folhas Populares

Janeiro de 1665

MORRE AGENTE DO GOVERNO

O agente do governo que examinou Annie Clackett há menos de uma semana foi encontrado morto, tendo apresentado os mesmos sintomas.

Outras vítimas morreram em Lambeth, Southwark, Westminster e várias outras partes da cidade. Outro agente do governo disse: "Não há dúvida de que se trata da peste. Consideramos que agora, sim, há motivo para pânico".

VÍTIMA DA PESTE?
EXPERIMENTE AS
TINTAS PUDDY
ideais para PINTAR cruzes na sua porta

COMPRE JÁ, NEM QUE SEJA A ÚLTIMA COISA QUE VOCÊ FAÇA!

Sim, a Grande Peste de 1665 estava em curso, e ninguém sabia direito como era transmitida; mesmo que soubessem, não poderiam ter feito grande coisa contra ela.

Isaac Newton e sua maçã

Fatos bubônicos:
- A peste bubônica tem esse nome por causa dos "bubões", uns botões nojentos que crescem na virilha, nas axilas e no pescoço.
- Seus sintomas são febre alta, tremores, dor de cabeça, várias outras dores e vômitos.
- As vítimas com sorte têm 25% de probabilidade de melhorar após uma semana.
- As vítimas sem sorte têm 75% de probabilidade de morrer.
- O melhor tratamento? Primeiro, trate de não pegar. Se pegar, pode experimentar o Bálsamo Lacatellus, que Isaac jurou a vida toda ter aprendido a fazer na botica do sr. Clark. É um composto de terebintina, cera de abelha, azeite de oliva e vinho tinto. É para tomar, mas serve também para esfregar em mordida de cachorro raivoso. Sei!

Folhas Populares

Junho de 1665

A PESTE SE ALASTRA

Milhares de londrinos já morreram, e vítimas da peste começam a morrer no interior. Várias cidades estão sendo evacuadas e estabelecimentos estão sendo fechados, inclusive a Universidade de Cambridge.

NA ESCÓCIA É MAIS SEGURO!

AINDA HÁ LUGARES NA DILIGÊNCIA **PUDDY** QUE PARTE PARA O NORTE AMANHÃ!

(NÃO SE ACEITAM PESSOAS COM BOTÕES NO PESCOÇO!)

Um pouco de peste

Foi assim que o Isaac voltou de Cambridge para a casa da família em Lincolnshire. Você pode pensar que deixar a universidade era uma boa desculpa para ficar à toa e tirar umas férias, mas o Isaac não era esse tipo de gente. Mesmo quando esteve em Cambridge, quase tudo o que aprendeu, aprendeu sozinho nos livros, e sempre preferiu o trabalho solitário. Voltar para casa significava poder se isolar num canto e se dedicar plenamente a certos problemas sérios, e, de fato, os dezesseis meses lá passados foram os mais produtivos e brilhantes que alguém já viveu.

Antes de viajar com ele, vamos dar uma olhada na Grande Peste. Imagine só como era andar pelas ruas dos subúrbios de Londres em 1665. Agradável é que não era. Além do mau cheiro e da imundície de sempre, havia os gritos das pessoas morrendo, a choradeira dos parentes, a fetidez dos cadáveres abandonados — e embora não se soubesse disso na época, se você sentisse aquela súbita comichão causada por uma mordida de pulga, a próxima vítima seria você.

Pronto! Depois disso, um pouquinho de cálculo diferencial não vai ser tão mau assim, não acha?

Quando chegar à página 63, você terá deixado para trás a parte mais difícil do livro. Lembre-se: estamos tentando entender aqui como um gênio funcionava, de modo que não se preocupe se não conseguir acompanhá-lo direito!

Lá vamos nós, e boa sorte...

CÁLCULO DIFERENCIAL: MILAGRE MATEMÁTICO

O cálculo diferencial é uma forma de matemática que parte de uma ideia simplíssima, fica pavoroso no meio e depois chega a um fim relativamente simples. Quando Isaac o inventou, sua cabeça teve de funcionar com potência máxima para superar a parte mais difícil, mas você vai ficar feliz em saber que vamos pular direto para o final simples. Uma vez descoberto, o cálculo diferencial se tornou uma arma e tanto na luta contra contas de arrepiar e, para um matemático, ele é mais útil do que a direção hidráulica para um motorista de caminhão.

A principal característica do cálculo diferencial é que a gente encontra respostas dividindo as coisas em pedacinhos cada vez menores, até chegar ao resultado. A seu modo, os gregos antigos já tinham mexido com cálculo diferencial, especialmente ao estudar os círculos.

Às voltas com o círculo

Antifonte viveu na Grécia em torno de 400 a. C. e tentou

descobrir a área de um círculo enchendo-o de triângulos, porque seria fácil achar a área dos triângulos e depois somá-las. Primeiro, inseriu no círculo um triângulo grande...

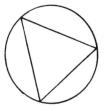

Depois preencheu os vazios com triângulos menores, e *cada vez menores*, cada vez menores...

Mas por mais que continuasse, nunca conseguiria encher todo o círculo e, assim, calcular a área exata.

Mais ou menos na mesma época de Antifonte, outro grego, chamado Brisão, teve a ideia de inserir o círculo entre duas figuras com vários lados, porque sabia que a área do círculo teria de ser um pouquinho maior que a da figura interna e um pouquinho menor que a da figura externa.

Isaac Newton e sua maçã

Topou por sua vez com o mesmo problema. Tentou com figuras de doze lados, depois de 24 lados... E quanto mais lados tinham as figuras, mais perto ele chegava da resposta, mas nunca chegaria à resposta exata.

Uns duzentos anos depois, foi a vez do grande Arquimedes (287-212 a. C). Em vez da área do círculo, ele resolveu se concentrar no cálculo do comprimento da circunferência.

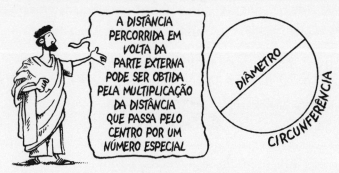

A esse número especial foi dado o nome grego de *pi*, que se escreve π, mas o problema era calcular seu valor exato. Arquimedes tentou fazê-lo utilizando um método como o de Brisão, mas como era melhor nas contas, acabou usando figuras de 96 lados. Arquimedes chegou bem perto da resposta (calculou que π era algo entre $3\ ^{10}/_{71}$ e $3\ ^{1}/_{7}$), mas nunca pôde chegar a uma medida exata.

Continuaram tentando aperfeiçoar o método de Arquimedes, e pouco antes de Isaac nascer, durante vinte anos o alemão Ludolf van Ceulen calculou π usando figuras de mais de 32 BILHÕES de lados.

Quando ninguém estava aguentando mais tudo isso, felizmente o Isaac apareceu com seu novo método.

O cálculo diferencial é um meio matemático de fazer exatamente a mesma coisa que toda aquela gente antiga vinha fazendo — isto é, usar medidas cada vez menores

Cálculo diferencial: milagre matemático

e menores para chegar mais perto da resposta. O problema é que são necessárias medidas *infinitamente* pequenas para se chegar a uma resposta exata — e Isaac bolou a maneira de fazer isso.

Embora tivesse podido usar o cálculo diferencial para achar π, essa questão não preocupava muito Isaac, porque pouco antes de ele nascer, já tinham descoberto outros modos de calcular esse número. Isaac também determinou formas de calcular π, e aqui vai uma de suas continhas:

$$\frac{\pi}{6} = \frac{1}{2} + \frac{1}{2}\left(\frac{1}{3 \times 2^3}\right) + \frac{1 \times 3}{2 \times 4}\left(\frac{1}{5 \times 2^5}\right) + \frac{1 \times 3 \times 5}{2 \times 4 \times 6}\left(\frac{1}{7 \times 2^7}\right) + \ldots$$

Simples, não é?

Na verdade, Isaac desenvolveu seu cálculo diferencial para descobrir exatamente como as tangentes mudam de direção à medida que a gente anda numa curva, problema que vimos na página 48.

Bom, a primeira coisa de que precisamos é uma curva, então aqui está a linda parábola que já vimos:

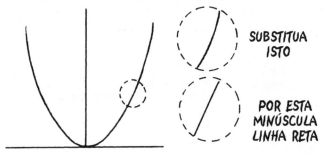

Vamos dar uma olhada num pedacinho minúsculo dela. Primeiro, vamos substituir o pedacinho de curva por uma linha reta. O que o Isaac tentava investigar era o quão íngreme era a linha — em outras palavras, qual era a inclinação dessa pequena linha.

Inclinações

Imagine que você esteja subindo uma ladeira: é assim que se mede a sua inclinação.

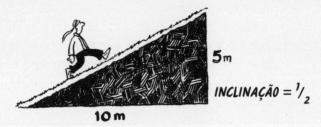

Divida o quanto você subiu pelo tanto que você avançou na horizontal. No caso, divida os 5 m que subiu pelos 10 m que avançou. Terá 5 ÷ 10, o que dá uma inclinação de $1/2$.

(Às vezes, na estrada, há placas marcando a inclinação, mas em vez de frações elas costumam trazer porcentagens. Se a placa marcar 20%, quer dizer que a inclinação é $1/5$, isto é, a cada 5 m que você avança, você sobe 1 m.)

Para medir a inclinação de uma das minilinhas do Isaac, traçamos uma minilinha que sobe na direção y e uma minilinha que segue a direção x.

Chamamos a minialtura que a reta sobe de δy e a minidistância percorrida de δx. (O curioso sinal δ é a letra grega delta, que em matemática significa "um pedacinho minúsculo de".)

Então, a inclinação de uma minilinha contida numa

curva é calculada igualzinho como se você estivesse subindo uma ladeira: $\delta y/\delta x$.

Isaac foi além. Imaginou suas minilinhas ficando cada vez menores até virarem apenas pontos infinitamente pequenos, que não podiam ser menores. As inclinações dessas linhas o mais minúsculas possível são chamadas dy/dx. Deu para notar a diferença? Olhe com cuidado para a letra *d*. A diferença em relação ao δ é mínima, mas estamos falando aqui de coisas mínimas, de modo que, estranhamente, faz sentido.

Agora é que vem a parte *realmente* genial.

No caso das curvas que o Isaac calculava, é claro que as inclinações se modificam conforme você avança.

O que o Isaac queria descobrir era como montar equações que descrevessem a taxa de variação das inclinações.

DEPOIS DE MUITO QUEBRAR A CABEÇA...

... ele descobriu o que queria.

Imagine uma curva descrita pela equação $y = x^6$.

Para achar a inclinação de qualquer ponto da linha, você precisa calcular o valor de dy/dx. Esse procedimento tem o ridículo nome de DIFERENCIAÇÃO (por isso o nome cálculo diferencial), o que quase já basta para fazer qualquer um entregar os pontos, mas na verdade é simples de morrer. Você só precisa fazer duas coisinhas:

• copiar o 6 e escrevê-lo antes e na mesma altura do x, e
• subtrair 1 do 6 de cima.

Nossa resposta vai ser então: $dy/dx = 6x^5$.

Da mesma maneira, se nossa curva for $y = x^4$, teremos $dy/dx = 4x^3$. Só isso, mais nada! Você acaba de aprender a encontrar DERIVADAS! Você não é um gênio?

Lembre-se por que o Isaac inventou tudo isso: podendo calcular dy/dx, poderia medir a inclinação da curva em qualquer ponto e, o que é mais importante, poderia analisar como as inclinações mudam à medida que a curva prossegue. Esse achado deu ao cálculo diferencial outro uso ligeiramente diferente. Pondo a distância num eixo e o tempo no outro, você pode traçar gráficos que mostram a velocidade com que as coisas se movem. O gráfico abaixo mostra um carro em movimento.

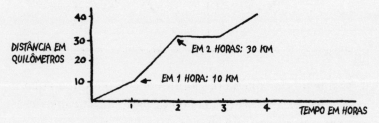

Como você viu, na primeira hora o carro só percorreu 10 km. Mas na segunda percorreu mais 20 km — logo, fica claro que está andando mais depressa. O aumento da velocidade, que se chama aceleração, é mostrado pela linha que vai ficando mais inclinada, e Isaac descobriu que podia relacionar essas coisas todas usando

Cálculo diferencial: milagre matemático

a diferenciação. GOOOOOL! Isaac balançou a rede matemática!

Ele logo veria que a solução dos problemas de aceleração o ajudaria a compreender por que os planetas se movem do jeito que se movem, o que por sua vez o ajudaria a descobrir o "SUPER-G".

O milagre matemático do Isaac iria ser mesmo uma mão na roda.

Segredo!

Tem uma coisa muito estranha que você precisa saber sobre o Isaac, e acho que agora é a melhor hora para contá-la.

Como vimos naquela vez que ele foi atacado pelo Arthur na escola, o Isaac tinha um temperamento do cão e perdia facilmente o controle. Não era à toa que gostava de trabalhar sozinho e que só tinha um amigo de verdade! Assim, o que é que você acha que ele fez quando desenvolveu o macete matemático mais sensacional de sua época? Que saiu dando pulos de alegria e contando para todo mundo? Que tentou vendê-lo? Que o tatuou na bunda?

Nada disso. (Bem, quanto à tatuagem, é claro que não temos certeza absoluta...)

Isaac Newton e sua maçã

Como fez com quase tudo o mais que descobriu ou inventou, ele o anotou num caderninho secreto e não contou nada para ninguém.

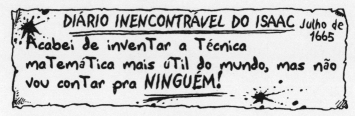

Isso pode parecer estranho, mas na certa você sabe o que acontece quando fazemos uma coisa que nos deixa supersatisfeitos — sempre aparecem uns caras que olham e dizem "Ficou uma droga", ou "Aqui você errou", ou até mesmo "Que besteira!". Os outros adoram dizer que estamos errados quando não estamos, e em geral a gente tem de gastar um tempão se defendendo das críticas, e não sobra tempo para fazer mais nada.

Isaac e seu temperamento não suportavam nem a sombra de uma crítica, e era por isso que ele não contava para ninguém o que fazia. Mais ainda: ele odiava a ideia de ficar famoso ou muito conhecido; queria apenas que o deixassem em paz com seu trabalho. Infelizmente, esse silêncio iria levar a uma tremenda gritaria e só pioraria as coisas.

Cálculo diferencial: milagre matemático

O professor lucasiano

Aliás, não é cem por cento correto dizer que o Isaac nunca contava sobre o seu trabalho para ninguém. Em Cambridge havia uma pessoa em quem ele confiava, seu velho tutor Isaac Barrow, que foi o primeiro professor lucasiano de matemática.

- *Lucasiano* vem de Henry *Lucas*, que foi representante da Universidade de Cambridge no Parlamento e legou um montão de dinheiro para pagar o salário de quem assumisse o cargo de professor lucasiano.
- Desde que esse cargo foi criado, em 1663, sempre foi um dos mais respeitados do mundo.
- Faz quase 350 anos que ele foi criado, mas só houve dezessete professores lucasianos, todos geniais de uma maneira ou de outra.
- O atual professor lucasiano é Stephen Hawking, o gênio de cadeira de rodas que está resolvendo um quebra-cabeça demoníaco, explicar como o Universo começou, e que já é uma lenda matemática.

Quando nosso Isaac iniciou seus estudos em Cambridge, Barrow achou que ele era um imprestável e não deu a mínima para os livros que ele lia ou deixava de ler. Mas um ou dois anos depois Barrow percebeu que o Isaac era melhor que aquela livralhada toda e que, longe de ser um fracasso, como a maioria dos alunos na época, era uma verdadeira preciosidade.

Barrow era um sujeito bem-humorado e, além de ser um crânio, adorava aprontar todo tipo de maluquice: uma vez até ganhou uma espécie de torneio de boxe na Turquia. Apesar de ambos terem temperamentos diferen-

Isaac Newton e sua maçã

tes, Isaac se dava bem com o Barrow, não só porque este era cobra em matemática, mas também porque se interessava por alquimia e religião, trabalhava horas a fio, dava presentes de aniversário para o Isaac e, o mais importante de tudo, era ambicioso. Barrow estava sempre de olho num cargo mais alto, e o jovem Isaac sabia que seria bom ficar grudado nele. Isaac até ajudou o Barrow a desenvolver uma pesquisa em óptica que sabia estar totalmente furada, só porque não queria se arriscar a perder um contato tão importante como aquele.

Isaac e Barrow tinham também outro ponto em comum:

O método roubado

Isaac tinha mostrado a Barrow uma parte do seu trabalho sobre o cálculo diferencial (ou "fluxões", como ele chamava), e alguns anos depois Barrow a entregou ao editor de matemática John Collins. Collins quis publicar o trabalho para que o mundo todo tomasse conhecimento dele, mas o Isaac não permitiu; isso acabaria provocando uma tremenda briga.

Cálculo diferencial: milagre matemático

Folhas Populares

Outubro de 1684

ALEMÃO INVENTA MARAVILHA MATEMÁTICA

Gottfried Leibniz inventou um engenhoso sistema matemático com que garante ser possível analisar o movimento e a velocidade. "Chamo-o de cálculo diferencial", ele declarou ontem. "Inventei-o sozinho. Sou um verdadeiro gênio."

É, parece que o alemão descobriu mesmo o cálculo diferencial independentemente, mas, ao contrário do reservado Isaac, Leibniz publicou sua versão em 1684, e foi ela que consagrou o nome "cálculo diferencial". O que mais transtornou o Isaac foi o fato de Leibniz ter ficado com todo o crédito do método. Isaac só permitiu que sua versão fosse divulgada em 1704, e foi aí que a briga feia começou.

Isaac Newton e sua maçã

O bate-boca continuou até Leibniz morrer, doze anos mais tarde, pouco depois de Isaac descobrir o que fazia tempo suspeitava: Collins tinha mostrado às escondidas a Leibniz, alguns anos antes, uma parte do trabalho de Isaac sobre as fluxões! Como você pode imaginar, o Isaac não ficou nada satisfeito, e os matemáticos ingleses continuaram discutindo a respeito disso com o resto da Europa por séculos, apesar de não haver nenhum motivo real para se pensar que Leibniz tenha de fato roubado o que viu.

A única coisa boa que Leibniz fez foi introduzir a maneira de calcular usando $^{dy}/_{dx}$ e $^{\delta y}/_{\delta x}$, conforme já vimos. O método usado pelo Isaac para escrever a mesma coisa era muito mais confuso! Como quer que seja, todos esses detalhes de fraudes e acusações sobre o cálculo diferencial nos levaram um pouco adiante de onde estávamos; voltemos então a 1665.

Isaac ainda está na casa da família, fugindo da peste e — o que é igualmente importante — evitando que perturbassem seu trabalho. As noites começavam a ficar mais compridas, as plantações estavam prontas para a colheita, e lá no alto de certa árvore uma maçã se preparava para romper as fronteiras do conhecimento científico...

O "SUPER-G"

A história do "Super-G" na verdade se estende por vários anos, e não é nada fácil afirmar com exatidão quando o Isaac teve cada uma das suas novas ideias, porque ele era muito reservado sobre elas. A única coisa de que podemos ter mais ou menos certeza é que tudo começou no outono de 1665, quando o Isaac estava sentado no jardim, em Woolsthorpe.

Naquela época, já tendo lido quase tudo sobre tudo, resolveu definir com o que concordava e do que discordava. Mas havia duas pessoas cujo trabalho ele apreciava e sobre o qual pensou dias a fio.

Isaac Newton e sua maçã

Você se lembra do Johannes Kepler? Depois de vinte anos observando o céu e fazendo cálculos, em 1609 ele publicou suas leis sobre como os planetas se movem. Claro, como o Isaac era inteligente de morrer, ele entendeu imediatamente essas leis, mas nós vamos ter de ir com calma; é melhor começarmos com uma versão bem simples.

As leis de Kepler — versão simples

1: Quando um planeta descreve uma órbita em torno do Sol, ele se aproxima, depois se afasta. (Alguns quase não se aproximam, enquanto outros se aproximam bastante, mas não se preocupe muito com isso.)

2: Quando está mais próximo do Sol, o planeta se move mais depressa.

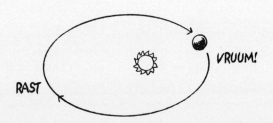

3: Os planetas que estão mais longe do Sol levam mais tempo para completar suas órbitas do que os que estão mais perto. Além de terem de andar mais, movem-se mais devagar.

O "Super-G"

Como assim? Bom, se você estiver com cabeça para isso, vamos dar uma boa olhada nas leis do Kepler para ver melhor o que elas dizem. (Se não estiver com cabeça para isso, é claro que pode voltar a estas páginas quando for um velho caduco e não tiver nada melhor para fazer.)

As leis de Kepler — como ele as explicou
1: Os planetas se movem em elipses em torno do Sol.

Kepler notou que, em vez de girar em torno do Sol numa circunferência perfeita, cada planeta se movia numa elipse — uma espécie de circunferência achatada com dois centros.

Eis como se desenha uma elipse:

Espete duas tachinhas numa folha; amarre as pontas de um barbante e passe em torno das tachinhas o laço assim formado (o barbante deve ficar bem frouxo). Enfie um lápis dentro do laço de barbante e, esticando-o bem, risque em torno das duas tachinhas. A forma que você vai obter é uma elipse.

Cada um dos pontos em que você cravou as tachinhas é chamado "foco" da elipse. Uma elipse tem, portanto, dois focos. Ah, se você puser as duas tachinhas bem perto, de modo que uma fique acima da outra, em vez de uma elipse você terá uma circunferência perfeita.

A primeira lei de Kepler prossegue, e afirma que...

O Sol está posicionado num dos focos da elipse.

Isaac Newton e sua maçã

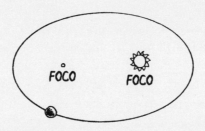

Como você pode ver, isso significa que em certos momentos um planeta fica mais próximo do Sol do que em outros. Ah, é bom dizer que exageramos as elipses nestas ilustrações, porque a maioria das trajetórias dos planetas é *quase* uma circunferência, mas seria meio complicado desenhá-las.

2: Uma linha que liga o planeta ao Sol varre uma área igual num tempo igual.

Kepler percebeu que, quando um planeta está mais distante do Sol, ele se move mais devagar, mas, quando está mais perto, se move mais depressa. Num lance de genialidade, Kepler bolou uma maneira para descrever o quanto a velocidade mudava.

Imagine que o Sol e um planeta tenham sido fixados numa folha, com um elástico embebido em tinta esticado entre eles. O que aconteceria depois de, por exemplo, um mês?

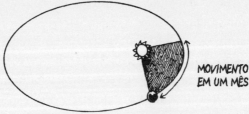

Uma área do papel ficaria coberta de tinta.

Agora, imagine que você tenha deixado o planeta girar

O "Super-G"

mais um pouco em torno do Sol e que depois tenha esticado de novo o elástico embebido em tinta entre eles. Se você esperasse mais um mês, teria uma segunda área do papel coberta de tinta.

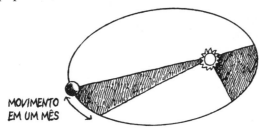

Kepler diz que, como ambas as áreas foram cobertas em um mês, elas são do mesmo tamanho. Claro, uma é mais comprida e estreita, porque *o planeta está mais distante do Sol e se movendo mais devagar*. A outra é mais curta e larga, porque *o planeta está mais próximo do Sol e se movendo mais depressa*.

Não se trata de uma vaga indicação da velocidade dos planetas, mas de uma medida absolutamente precisa. Vamos ver agora como Kepler formulou a coisa.

3: $\dfrac{T^2}{r^3} = k$

Bonito e simples, não é? Mas se você prefere traduzir isso em palavras:

O quadrado do tempo levado por um planeta para completar uma órbita em torno do Sol é proporcional ao cubo da sua distância média do Sol.

Reconheça, é uma joia.

É claro que você precisa saber um pouco de matemática para entender a fórmula, mas se conseguiu chegar até aqui, vai ser capaz de digeri-la fácil, fácil.

Isaac Newton e sua maçã

A melhor maneira de entender a terceira lei de Kepler é imaginar dois planetas girando em torno de um Sol imaginário.

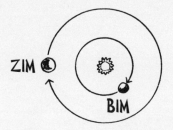

Eis como fica a equação baseada na lei:

$$\frac{\left(\begin{array}{c}\text{Tempo da órbita de Bim}\\ \text{em torno do Sol}\end{array}\right)^2}{(\text{Distância de Bim ao Sol})^3} = \frac{\left(\begin{array}{c}\text{Tempo da órbita de Zim}\\ \text{em torno do Sol}\end{array}\right)^2}{(\text{Distância de Zim ao Sol})^3}$$

Como você pode ver, o tempo que Bim leva para completar a órbita em torno do Sol é elevado ao quadrado e dividido pelo cubo da distância média; a mesma coisa acontece com Zim. Se você imaginar mais planetas girando em torno do Sol imaginário, pode pôr todos eles na equação: ela só vai ficar muito mais medonha. Argh! Em todo caso, vamos botar uns números e ver se ela não fica mais bonitinha.

Digamos o seguinte:

Bim está a 1 bilhão de quilômetros do Sol, e Zim a 2 bilhões de quilômetros.

Digamos também que Bim leve dez anos para completar sua órbita em torno do Sol.

Graças a Kepler, podemos calcular quanto tempo Zim leva. É só pôr os números conhecidos na horrorosa fórmula aqui em cima. Escrevendo o tempo em anos e a distância em bilhões de quilômetros, teremos:

O "Super-G"

$$\frac{10^2}{1^3} = \frac{\left(\substack{\text{Tempo da órbita de Zim} \\ \text{em torno do Sol}}\right)^2}{2^3}$$

o que dá...

(Tempo da órbita de Zim em torno do Sol)^2 = 800.

Logo, o tempo que Zim leva para descrever sua órbita em torno do Sol é $\sqrt{800}$ (o que equivale a dizer que precisamos saber que número multiplicado por si mesmo dá 800), o que dá 28,28 anos.

Chega da terceira lei de Kepler! Você vai se sentir aliviado ao saber que não tem mais nenhuma lei de Kepler para encher a nossa paciência. Na verdade, está na hora de darmos tchau para o coitado do Kepler, porque sua vida foi rumando pouco a pouco para um fim tristíssimo. Ele passou suas últimas semanas se arrastando a duras penas de cidade em cidade, tentando receber os salários que lhe deviam, até que não aguentou mais e morreu. Mas sua genialidade foi uma das principais fontes de inspiração do Isaac, e ele será lembrado para sempre por isso.

Galileu

A outra pessoa cujo trabalho influenciou muito o Isaac foi Galileu, que por coincidência morreu no ano em que o Isaac nasceu. Dá o que pensar, não dá? Quem sabe, quando Galileu morreu, um pedacinho do seu espírito não saiu vagando mundo afora até acabar encarnando no recém-nascido Isaac? Isso explicaria de onde veio não só a genialidade do Isaac, como também seu temperamento terrível! Bem, mas vamos aos fatos.

Além de ser uma das primeiras pessoas a sugerir que a Terra girava em torno do Sol, Galileu fez a grande des-

Isaac Newton e sua maçã

coberta de que um corpo cai com uma velocidade uniformemente acelerada.

"Ai, não!", você deve estar pensando. "Lá vem mais equação!"

Fique frio. O Philip Reeve vai explicar nos seus simpáticos quadrinhos como Galileu chegou a essa conclusão...

O "Super-G"

A base da descoberta de Galileu foi essa, e dizem que ele fez a experiência na torre inclinada de Pisa. Pode ser que sim, pode ser que não, mas não deixa de ser uma ideia simpática.

Depois de descobrir que objetos diferentes, ao cair, percorrem a mesma distância no mesmo tempo, Galileu deu mais um passo e observou que, quando você deixa cair alguma coisa, a velocidade da coisa aumenta à medida que ela cai.

Isaac Newton e sua maçã

Para comprovar isso, aqui vai uma experiência que você mesmo pode fazer (os jovens leitores vão necessitar da ajuda de um adulto). Você vai precisar de:

- um elefante com velocímetro;
- um avião com uma porta bem grande;
- cronômetro;
- binóculo, e
- esfregão e balde enormes.

É só botar o elefante no avião e levantar voo. Quando você estiver a poucos milhares de metros de altitude, jogue o elefante pela porta. Ligue o cronômetro e, com o binóculo, fique de olho no velocímetro instalado no elefante.

Você vai constatar o seguinte:

- passado um segundo, o elefante estará caindo a 10 m por segundo...
- passados dois segundos, o elefante estará caindo a 20 m por segundo...
- passados três segundos, o elefante estará caindo a 30 m por segundo...
- passados quatro segundos, o elefante estará caindo a 40 m por segundo...

... e assim por diante.

O "Super-G"

Você vai constatar que a velocidade do elefante aumenta 10 m por segundo a cada segundo da queda. Não importa se o elefante está começando a cair ou já alcançou uma velocidade vertiginosa — a velocidade aumentará sempre 10 m por segundo a cada segundo. Isso se chama aceleração constante.

(Para dizer a verdade, simplifiquei um pouco a coisa. Não são 10 m por segundo: o número exato é 9,80665, mas não vou chatear ninguém com esse tipo de detalhe num livro agradável como este.)

Duas coisas afetam essa aceleração constante. Uma é que, se o elefante estiver caindo muito rápido, a resistência do ar vai reduzir um pouco a velocidade da sua queda (sobretudo se ele abrir as orelhas), mas seu avião teria de voar alto demais para isso acontecer. A outra coisa que afeta a aceleração constante é o chão. Quando o elefante bate no chão... bem, é aí que você vai precisar de esfregão e balde.

Voltando ao Isaac

Nosso Isaac está sentado no jardim, em Woolsthorpe. Pensa nas leis de Kepler, que funcionam tão direitinho... Mas por que será que funcionam?

Isaac Newton e sua maçã

Claro, Isaac também está a par da ideia de aceleração constante de Galileu, mas uma coisa que cai no chão é totalmente diferente de um planeta que voa em torno do Sol. Isaac nem imaginava que as duas coisas pudessem estar relacionadas, mas alguém ali no jardim sabia...

ALICE DÁ UMA DEIXA...

Muitos longos meses passaram desde que Alice fora engolida no mercado de Grantham. Bem fundo na terra, suas raízes brotaram e se desenvolveram, enquanto acima do chão, à luz do dia, sua primeira e tímida germinação se transformou no tronco de que seus galhos orgulhosamente se irradiavam. Suas folhas brilhavam ao sol, absorvendo a força vital para produzir os frutos com as sementes de uma futura geração.

Pouco a pouco Alice foi se dando conta da figura sentada à sua sombra, embora não a visse nem ouvisse. Mas podia sentir o calor da concentração, o atrito dos números contorcidos num turbilhão de ideias contraditórias. Só faltava uma centelha de intuição acender a chama do verdadeiro conhecimento. Alice entendeu que podia fornecer essa centelha.

Alice deixou cair um de seus frutos do alto de seus galhos. Ela sabia que a força natural o levaria para baixo, na direção do chão, e que ele ganharia velocidade com uma aceleração constante, mas será que a sua mensagem seria entendida?

E então a maçã caiu.

...E ISAAC PEGA A DEIXA

E então a maçã caiu.

... e Isaac pega a deixa

Do que o Isaac está falando? Veja a coisa do seguinte modo:

Imagine que você gira em círculo uma bola na ponta de um barbante.

Você sente a bola fazendo força para se afastar de você, e se você soltar o barbante, a bola vai voar longe.

A mesma coisa acontece com a Lua em sua órbita em torno da Terra. Exatamente como a bola, ela faz força para escapar, mas alguma coisa a segura no lugar. A bola é mantida no lugar pelo barbante, claro, mas o que segura a Lua no lugar? Tem de ser essa força invisível.

Cá estamos. Claro, hoje chamamos de "gravidade" o invisível poder de atração que nos puxa para baixo, mas ele era chamado de GRAVITAS desde a Antiguidade. Porém, ainda que essa força tivesse o mesmo nome por séculos e séculos, o Isaac foi a primeira pessoa a entendê-la direito.

Isaac Newton e sua maçã

A gravidade resolveu rapidamente um velho problema: Aristóteles tinha dito que a Terra não se movia, senão todos nós seríamos atirados no espaço. De fato, não fosse a gravidade, Aristóteles teria razão, e seríamos atirados para fora do nosso planeta. Mas na superfície da Terra a força gravitacional é intensa o bastante para nos segurar. Que sorte, hein?

Outra coisa que o Isaac descobriu foi que a força da gravidade vai ficando mais fraca à medida que a gente se afasta da Terra.

(Claro que estamos simplificando as coisas. Isaac empregou a terceira lei de Kepler, de que você com certeza se lembra: é aquela que diz que o quadrado do tempo da órbita é proporcional ao cubo da distância. Isaac fez uma *dedução simples* e calculou que a força de gravidade obedece a uma lei do "inverso do quadrado". Por exemplo, se houvesse uma segunda lua duas vezes mais longe da Terra do que a primeira, a força gravitacional que manteria a segunda lua no lugar seria $1/2^2$, isto é, $1/4$ da força que mantém a primeira. Se a segunda lua ficasse dez vezes mais distante, a força de gravidade seria $1/10^2$, ou seja, $1/100$. Lembre-se, tudo isso veio de uma *dedução simples*. Dá vontade de gritar, não dá?)

DIÁRIO INENCONTRÁVEL DO ISAAC

Utilizei minhas ideias sobre a gravidade para calcular como a Lua se move e, ayando comparo minhas resposTas com a maneira como a Lua de €aTo se move, acho aTé que elas são razoavelmenTe

... e Isaac pega a deixa

> precisas. Mas razoavelmenTe precisas não basTa. Por que não consigo que sejam exaTas?
> PergunTa: a parTir de onde a gravidade aTua? Da superfície da Terra aTé a superfície da Lua? Ou do cenTro da Terra ao cenTro da Lua? As equações maTemáTicas que essa quesTão envolve esTão me enlouquecendo!

Você já deve ter percebido que até aqui não tem muita equação do Isaac. Se ficou desapontado por não encontrá-las, desculpe, mas como você pode imaginar, elas dariam a maior dor de cabeça em qualquer um — até no Isaac. Para azar dele, não havia uma medida precisa do diâmetro da Terra, o que não ajudava nem um pouco, pelo contrário, e ele acabou ficando tão cheio, que por alguns anos abandonou seus cálculos.

Embora a ideia da gravidade tenha lhe ocorrido pela primeira vez em Woolsthorpe em 1665, Isaac, do jeito que era, não falou dela para ninguém. Precisava ter certeza de que tudo estava perfeito, em seus mínimos detalhes, porque a ideia de que alguém pudesse encontrar o mais ínfimo erro o aterrorizava. Por fim, ele levou vinte anos para ajustar e corrigir tudo antes de publicar suas descobertas de uma só vez no mais célebre livro científico de todos os tempos, os *Principia*.

Enquanto isso, voltemos a janeiro de 1666. Isaac descansou um pouco da gravidade, mas seus incríveis doze meses de genialidade continuaram. Foi então que houve...

UM LANCE DE COR

Embora ainda estivesse em Woolsthorpe, fugido da peste, o Isaac deve ter ido para o Sul em algum momento, porque comprou um prisma de vidro — um bloco de vidro triangular, muito bem polido — na feira de Stourbridge, que se realizava à beira-rio, nos arredores de Cambridge.

Até então, acreditava-se que as diferentes cores eram criadas misturando-se escuro e claro.

> **RECEITA TRADICIONAL DE CORES**
>
> Para fazer vermelho, misturar uma boa porção de branco com uma pitada de escuro.
> Para fazer azul, misturar uma pitada de branco com uma dose grande de escuro.

Um lance de cor

Era uma boa ideia, mas por algum motivo não funcionava. Esta página que você está lendo é uma mistura de claro e escuro; portanto, de acordo com a velha teoria, se você a segurar longe o bastante para que as sombras se mesclem, a mistura deveria produzir uma cor. Viu só o que deu?

Foi o que o Isaac também pensou.

Descartes já tinha tentado analisar um feixe de luz solar e produziu duas cores a partir dele: vermelho e azul.

Minha nossa! Quem é esse cara?

Este livro é sobre o Newton, por isso vamos ignorá-lo.

Isaac Newton e sua maçã

Bom, o Isaac começou a fazer algumas experiências com a luz...

É, mas o Isaac desconfiava que era quase tudo besteira.

É, mas suas ideias se baseavam em Descartes, que dizia que as cores resultavam de uma mistura de claro e escuro, e que também dizia que a luz era uma espécie de pressão que a gente pode sentir forçando a parte de trás do olho. Descartes estava redondamente enganado, por isso o senhor também estava.

Experiências horríveis

Isaac fez suas primeiras experiências com a luz utilizando apenas seus olhos. Os próximos trechos são horripilantes. Prepare-se...

Um lance de cor

Ele fincou um palito pontudo na base do olho, bem embaixo do globo ocular, e o enfiou o mais fundo que pôde. Isso o fez ver vários círculos coloridos, e ele se perguntou de onde vinha a cor. (Com toda a certeza sentiu muita dor, e não precisou se perguntar de onde ela vinha!)

O Isaac fez uma coisa ainda mais perigosa do que cutucar os olhos: ficou horas olhando diretamente para o Sol, a fim de ver que efeito isso produzia. O efeito principal foi que ele quase ficou cego e teve de passar vários dias num quarto escuro até recuperar a visão. Naquele tempo, ninguém sabia como o Sol podia ser perigoso. Não muito antes da época do Isaac, os navegadores, para saber onde estavam, usavam um instrumento, chamado "bastão de Jacó", que exigia que olhassem diretamente para o Sol, o que levou diversos capitães a ficarem caolhos! Hoje em dia todo mundo sabe que nunca se deve olhar diretamente para o Sol, nem mesmo usando óculos escuros, e que enfiar palitos nos olhos costuma ser uma péssima ideia.

Uma vez recuperado, Isaac começou a fazer experiências mais sensatas, como passar raios de luz através do seu prisma.

Pode ser, mas o Isaac fez melhor.

Isaac Newton e sua maçã

O Isaac fez um fino raio de luz solar passar por uma estreita fresta na cortina e incidir no prisma. O prisma desviou o raio de luz e o projetou numa parede a sete metros de distância. O mais importante é que Isaac notou que a luz na parede produzia um bonito espectro com todas as cores do arco-íris.

(Se você quiser que este livro fique bonito, pode colorir estas ilustrações com lápis de cor.)

Isaac teve de pensar muito sobre o que viu. Todo mundo achava que a luz branca era pura (em outras palavras, não era mistura de nada), mas se fosse assim, como é que todas aquelas cores saíam de um só feixe de luz solar?

Quebrando um pouco a cabeça, Isaac entendeu que a

Um lance de cor

luz branca não é pura coisíssima nenhuma: ela é a mistura de todas as cores do arco-íris.

CADA COR SEPARADA É QUE É PURA, E O BRANCO É A MISTURA DELAS

O Isaac teria de fazer mais um montão de experiências sobre a luz e as cores até ficar satisfeito, mas isso só aconteceu depois de ele voltar para Cambridge.

Nesse meio tempo, ele se concentrou nos problemas do "Super-G" e, para resolvê-los, teve mais uma das suas ideias geniais...

O SEGUNDO MILAGRE MATEMÁTICO

Bem quando você achava que ia ler mais algumas histórias, lá vem *mais* cálculo! Mas não vai ser um capítulo muito comprido, e logo depois vamos descobrir uma coisa horrível que aconteceu em Londres — só para a gente se animar.

Enquanto Isaac brigava com os números relativos às leis de Kepler e às descobertas de Galileu, ele percebeu que precisava aprimorar suas "fluxões", e assim, em maio de 1666, inventou o método das "fluxões inversas", que, graças a Leibniz, hoje chamamos de cálculo integral. Embora o Isaac tivesse de quebrar a cabeça com números bem mais complicados para alcançar o resultado que queria, no fim das contas o cálculo integral não se revelou muito mais difícil que o cálculo diferencial. Na verdade, é quase tão difícil pronunciar as palavras *cálculo diferencial e integral* quanto fazer o tal cálculo.

Mas não se preocupe: se você não suporta a ideia de

O segundo milagre matemático

enfrentar mais matemática, esta página tem uma passagem secreta.

Se você sair por essa portinha, vai dar com um retrato totalmente inesperado de Nell Gwyne na página 96, e assim vai se livrar dos números que já vão aparecer. Mas se você for um supercrânio, continue a ler, porque vai adorar...

Como já sabemos, o cálculo diferencial ajudou o Isaac a descobrir as inclinações das curvas nos gráficos. Este novo cálculo inverso permitiu que ele calculasse *a área sob uma curva*, o que o ajudaria a fazer cálculos ainda mais extravagantes sobre como a Lua e os planetas se movem.

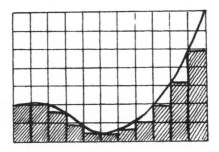

A maneira mais simples de achar a área sob uma curva é decompô-la em retângulos minúsculos e somá-los. Obviamente, quanto menores os retângulos, melhor o resultado, e é isso que o cálculo integral faz.

Se tivermos uma curva de $y = x^3$, quando derivamos temos: $dy/dx = 3x^2$. (Dê uma olhada de novo na página 61 se quiser recordar como chegamos a esse resultado.)

Mas se quisermos integrar $y = x^3$, a coisa fica assim:

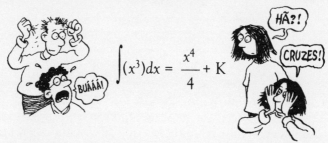

$$\int (x^3)dx = \frac{x^4}{4} + K$$

Não se deixe abater pelo sinal do começo, parecido com uma cobra: o que fizemos foi apenas o oposto da derivação. Só acrescentamos "1" ao 3 do x^3 para transformá-lo em x^4, depois dividimos por esse novo número encontrado, o que dá $x^4/4$. A única coisa esquisita é que às vezes a gente tem de adicionar uma "constante de integração", que aqui chamamos de K. Esse K depende do que a gente está integrando e é interessantíssimo porque...

... tudo bem, as constantes de integração são mesmo uma chatice, a não ser que você seja um monstro em matemática, de modo que vamos deixá-las para lá.

O legal da integração é que, se você quiser checá-la, é só derivar que você volta para o ponto de partida. No caso, se você derivar $x^4/4$, vai achar $4x^3/4$, o que, cortando o 4, dá de novo x^3. O irritante do K vai desaparecer no processo, o que também é uma ótima notícia.

O segundo milagre matemático

Claro, calcular por calcular não tem sentido, mas para Isaac, que queria descobrir como a Lua e os planetas se moviam — e, em particular, estudar as leis de Kepler —, conseguir fazer esse tipo de cálculo era fabuloso.

A esta altura, você deve estar morrendo de vontade de saber qual foi a coisa horrível que aconteceu em Londres. Como recompensa por ter aguentado esses números todos, lá vamos nós...

TEMPO QUENTE EM LONDRES

Na verdade este capítulo não é sobre a Nell Gwyne, porque ela ainda não tinha ficado famosa. Na época de que estamos tratando, o ano de 1666, Isaac estava inventando suas fluxões inversas, e Nell, com dezesseis anos, apenas começava sua carreira de atriz. Dali a três anos ela se tornaria a amante favorita do rei Carlos II, mas enquanto isso os jornais de Londres tinham outros assuntos de que se ocupar.

Tempo quente em Londres

Folhas Populares

Setembro de 1666

PADEIRO DESCUIDADO ASSA A CIDADE!

O padeiro do rei, Thomas Farrinor, foi apontado como responsável por destruir a maior parte da cidade de Londres.

Na noite de 2 de setembro, ele fechou sua padaria em Pudding Lane, mas antes de ir para seu apartamento no andar superior, não verificou se o forno estava apagado. Suspeita-se que, por volta da meia-noite, algumas fagulhas tenham caído na pilha de lenha próxima, e em uma hora a casa inteira estava em chamas.

"Foi uma fumaceira e um calorão danado", disse a mulher do padeiro.

O padeiro conseguiu escapar por uma janela com a mulher, a filha e um empregado, mas infelizmente sua criada morreu nas labaredas.

O rei ameaçou descontar os gastos com a reconstrução de Londres dos rendimentos do padeiro.

Por que Londres pegou fogo tão fácil?

A maioria das construções daquele tempo tinham estrutura de madeira e eram cobertas de piche, uma espécie de óleo preto e denso, de modo que foi só o vento forte que soprava aquela noite carregar algumas fagulhas para que elas se incendiassem. Além disso, na cidade havia muitos armazéns que estocavam barris de materiais altamente inflamáveis, como óleo e aguardente, o que só piorou as coisas. Em questão de horas, as primeiras fagulhas que saltaram do forno esquecido provocaram o Grande Incêndio de Londres.

Na época, a única maneira de combater o fogo era com baldes d'água, mas daquela vez foi debalde, ops!, em vão. Para deter a propagação do fogo, viram que precisariam demolir várias casas, mas o prefeito achou que a reconstrução iria sair muito cara e se recusou a dar a ordem de derrubá-las. Quando o rei soube disso, destituiu o prefeito, mas já era tarde: o fogo não esperou a decisão e se alastrou, escapando ao controle. Chumbo derretido escorria andares abaixo, e até os pisos de lajotas estavam incandescentes.

Tempo quente em Londres

Um dos que testemunharam o acontecimento foi Samuel Pepys, que redigiu o célebre diário do incêndio, notando um detalhe particularmente triste...

Os pobres pombos relutavam em abandonar suas casas e esvoaçavam em torno das janelas e sacadas, até vários deles queimarem as asas e caírem no chão...

Que horror, não?

Grande Incêndio — fatos lamentáveis:

- O Grande Incêndio durou quatro dias.
- Pegaram fogo 13 200 casas.
- Foram destruídas 89 igrejas.
- Milhares de pessoas que perderam suas casas tiveram de acampar ao relento durante o inverno.
- O prejuízo foi de 10 milhões de libras [o equivalente, hoje, a cerca de 18 bilhões de reais].

Isaac Newton e sua maçã

Grande Incêndio — fato curioso:

• Somente dezesseis pessoas morreram no incêndio propriamente dito.

Grande Incêndio — lado bom (por mais estranho que pareça):

• O fogo provavelmente salvou centenas de vidas, porque acabou com os ratos, que transmitiam a peste!

A maior parte das edificações destruídas eram de madeira, o que deu à cidade a chance de ser reconstruída com pedra. O grande arquiteto Christopher Wren foi o encarregado, e projetou 49 igrejas para substituir as incendiadas, entre elas uma das mais magníficas construções da Inglaterra, a catedral de St. Paul.

Essa catedral foi erguida no mesmo lugar da antiga, que era quase toda de madeira. Sua construção levou 35 anos (a de outras belas catedrais levou mais de cem anos) e custou £722,799, três xelins, três pênis e um quarto.

As contas que mencionam o tal quarto de pêni são de uma senhora precisão — ainda mais se você levar em conta que uma libra corresponde a 960 quartos de pêni. [Em nossa moeda, seria como gastar cerca de 1 bilhão e 50 milhões de reais, e se preocupar com os últimos um real e nove centavos!]

Como sabemos, o Isaac gostava das coisas exatas. Você se lembra que, quando inventou o teorema do binômio, ele trabalhou com números de até 55 casas decimais? Ele teria adorado saber deste último quarto de pêni!

100

O HERÉTICO SECRETO

Antes de descobrirmos mais coisas sobre a matemática e as matérias científicas a que o Isaac se consagrava, precisamos conhecer outro aspecto de seus estudos.

DIÁRIO INENCONTRÁVEL DO ISAAC

Como filósofo natural, tenho de descobrir as verdadeiras respostas para tudo. Minha matemática e minha ciência progridem bem, mas estou ficando muito infeliz com a Bíblia. Quanto mais a estudo, mais dúvidas tenho, de modo que consegui algumas das primeiras versões em hebraico antigo, que traduzi para meu uso. Era o que eu desconfiava! Parece que a Santíssima Trindade do Pai, Filho e Espírito Santo não passa de uma invenção

> de acadêmicos ao longo do Tempo. A Trindade é falsa, assim como várias ouTras crenças crisTãs. A humanidade deveria orar direTamenTe ao único e verdadeiro Deus, mas Tenho medo de anunciar essa conclusão.

Ideias como essa podem parecer inofensivas nos dias de hoje, mas na época eram perigosas demais.

- Podiam prejudicar a carreira do Isaac, porque todo mundo em Cambridge tinha de ser cristão; aliás, sua própria faculdade se chamava Trinity College por causa da Santíssima Trindade [*Trinity*].
- Seu país acabava de sair de uma guerra civil em que muita gente morrera por uma questão de crença errada. Os dias em que os heréticos iam para a fogueira ainda não estavam distantes.
- O que mais preocupava o Isaac, mais do que perder o emprego e, até, mais do que morrer, era o que aconteceria com sua alma se ele percebesse que não estava seguindo a que, a seu ver, era a religião verdadeira e perfeita.

Não é de espantar que o Isaac tratasse essas descobertas da mesma maneira que todas as outras: mantendo-as no seu caderninho secreto, sem comunicá-las a ninguém, muito embora, no fim da vida, seu comportamento tivesse começado a traí-lo, como vamos ver.

DE VOLTA A CAMBRIDGE

Quando Isaac voltou para Cambridge em 1667, apesar de ficar de bico calado sobre as outras coisas que descobrira, não pôde resistir à tentação de mostrar seu prisma e seus espectros. Pensando bem, foi bom que ele tivesse divulgado a experiência do prisma, porque se tivesse insistido em que todo mundo devia enfiar coisas no olho para ver o efeito que isso causava, é bem provável que o tivessem mandado calar a boca e cair fora. Em vez disso, em outubro de 1667 ele foi eleito *fellow* do Trinity College. Ser *fellow* [membro da congregação] era uma honraria, e significava que as pessoas o estavam levando a sério. Também significava que passaria a receber salário. Não era um ótimo salário, mas era melhor que nada.

Mais experiências com as cores

Isaac queria comprovar suas experiências com as cores e verificar se seus resultados não teriam sido produzidos por algum efeito estranho do vidro do prisma, por isso voltou à feira de Stourbridge para comprar mais prismas e assim fazer mais testes.

- Usando tábuas com pequenos furos, isolou as diversas cores e depois as fez passar por outros prismas, para ver se elas se alteravam. Verificou que não — por exemplo, uma luz vermelha continuava sendo uma luz vermelha, fizesse ele o que fizesse. Isso significava que o vidro dos prismas não podia alterar nem criar novas cores.

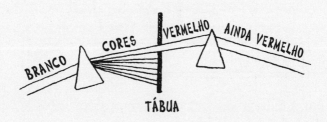

- Usando dois prismas e uma lente, descobriu que podia decompor a luz branca num arco-íris e depois juntar as cores para obter novamente luz branca!

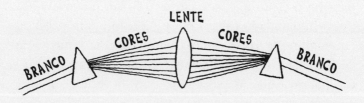

Também descobriu como o prisma decompunha a luz branca. Embora toda a luz se desviasse ao passar pelo prisma, cores diferentes se desviavam mais ou menos: a luz azul se desviava mais, e a vermelha, menos.

Isso levou o Isaac a pensar nas cores nas bolhas de sabão e como ocorriam. Ele bolou então uma experiência em que pressionava uma lente contra um vidro plano.

De volta a Cambridge

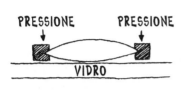

Isso produz um efeito que ficou conhecido como "anéis de Newton", e é uma versão bem mais sensata daquela experiência de cutucar os olhos. Newton percebeu que as cores eram produzidas pela luz refletida no tênue espaço entre a lente e o vidro. (Na bolha de sabão, as cores provêm da luz refletida dentro da finíssima parede da bolha.) À medida que esse espaço se estreitava, a cor da luz mudava.

Ah, não! O senhor de novo!? Olhe aqui, não é besteira, não, e sua vez já vai chegar, sr. Hooke!

O telescópio do Isaac

O trabalho de desviar a luz com prismas ajudaria Isaac a chegar a um resultado bem útil.

Alguns anos antes, atribuiu-se a invenção do primeiro telescópio a Galileu (na verdade, ele surrupiou uma ideia alheia), e depois Kepler criou uma versão melhorada do instrumento. Nos anos 1660, começou-se a utilizar telescópios cada vez maiores para observar o céu: alguns ti-

Isaac Newton e sua maçã

nham mais de sessenta metros de altura e usavam uma quantidade enorme de lentes.

O problema era que as bordas das estrelas distantes ficavam meio desfocadas e os objetos menores pareciam borrões pálidos. Isso porque as lentes funcionam por refração, quer dizer, desviam a luz que passa por elas...

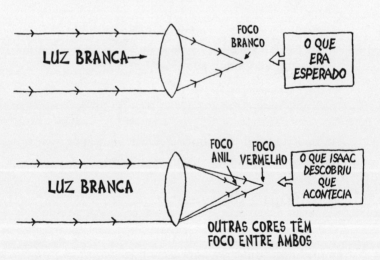

... mas, como os prismas do Isaac mostraram, quando a gente desvia a luz branca, as diferentes cores nela contidas se desviam mais ou menos: o vermelho se desvia menos, e as cores mais azuis, mais.

De volta a Cambridge

Isaac resolveu tentar construir telescópios melhores, e é interessante notar que ele próprio fez todo o trabalho. Todos os anos de infância e juventude fazendo modelos e máquinas lhe proporcionaram uma tremenda habilidade manual — ainda bem, porque provavelmente não havia ninguém capaz de fazer o trabalho direito o suficiente para ele. Ele mesmo fez as ferramentas, poliu as lentes, montou o suporte, ou seja, fez tudo.

A primeira coisa que pensou foi que devia tentar construir telescópios com algumas lentes extras, especialmente moldadas para eliminar os problemas com as cores, mas acabou percebendo que isso não iria dar certo. Como costumava fazer, Isaac pensou no assunto dia e noite até achar a resposta — e achou uma resposta tão genial, que revolucionou os telescópios para sempre.

Os problemas surgiam porque a luz tinha de *atravessar* as lentes, mas e se em vez disso a luz fosse refletida pelas lentes? Em outras palavras, por que não usar, em lugar de lentes, um espelho curvo?

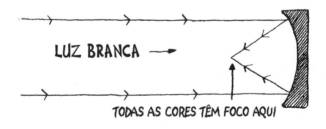

Aqui, toda a luz é refletida ao mesmo tempo pelo espelho: as cores não são decompostas. Para ver para onde o espelho aponta, você precisa olhar para o ponto em que toda a luz se concentra. Só que tem um problema, é claro: sua cabeça fica no meio do caminho.

Isaac Newton e sua maçã

O telescópio do Isaac tinha um pequeno espelho extra, de modo que dava para olhar pelo lado, sem atrapalhar.

Você pode achar que o espelhinho surgiria como uma mancha no meio do que você está olhando, mas, por incrível que pareça, não surge. Sabe por quê? Por causa da maneira como o espelho grande junta a luz e a concentra. Essa é uma explicação meio rápida, mas é que entender em detalhe como isso funciona é bem mais difícil do que encarar as leis de Kepler, então vamos deixar para lá.

Desde os tempos do Isaac, o espelho mostrou ter outra grande vantagem. Quando a luz passa pelo vidro, um pouco dela sempre é absorvido, de modo que a imagem fica levemente mais escura. Isso não faz muita diferença se você estiver olhando coisas de dia, mas se estiver tentando descobrir objetos indistintos no céu à noite, faz uma diferença e tanto. Os espelhos prateados do Isaac lhe causavam problemas porque se embaçavam com facilidade, mas os espelhos atuais quase não absorvem luz nenhuma; assim, observar as estrelas ficou bem mais fácil.

De volta a Cambridge

Isaac terminou em 1668 a construção do seu primeiro telescópio refletor, que tinha só 15 cm de comprimento e menos de 3 cm de largura mas aumentava as coisas mais de trinta vezes. Era mais poderoso do que os velhos telescópios "refratores", dez vezes maiores.

Claro que construiu, claro...

A gente não ia perguntar mesmo. Agora dê o fora.

O "refletor newtoniano" mudaria a vida do Isaac. Mesmo se tivesse mostrado para todo mundo seus outros trabalhos, a maior parte era apenas um monte de números postos no papel, e quase ninguém seria capaz de entender o que ele havia feito. Só que ainda assim iriam criticá-lo, e o Isaac não suportava críticas. Mas aquele poderoso telescópio era um instrumento que qualquer um acharia divertido ter, e quem quer que o visse não poderia negar que era muito bem bolado. Por isso mesmo Isaac não se importou de mostrá-lo, e quando o mostrou, o mundo inteiro ficou bobo.

ISAAC FICA FAMOSO DE MORRER

Em 1668, Isaac foi promovido a *senior fellow* da universidade, o que significava que receberia um salário melhor. Foi um dos únicos períodos na sua vida em que ele relaxou um pouco e saiu para comemorar com o amigo Wickins. Foram a um bar algumas vezes, jogaram cartas, e Isaac comprou roupas novas, mudando de aparência. Mas isso não durou muito, e ele logo voltou a trabalhar mais duro do que nunca.

Em 1669, começaram a perceber que o Isaac era um cara especial. Seu ex-tutor, o dr. Barrow, foi em boa parte responsável por isso, porque fazia tudo o que podia para promover e incentivar Isaac, chegando até a lhe passar seu cargo.

Isaac fica famoso de morrer

Como sabemos, o dr. Barrow tinha se tornado professor lucasiano de matemática, mas no outono de 1669 decidiu renunciar ao cargo e se concentrar em seus estudos de religião. Insistiu para que Isaac assumisse sua função, um gesto que foi extremamente generoso. Vejamos por quê.

Em seus tempos de estudante, Isaac conseguira manter em segredo suas crenças religiosas, mas quando alguém chega a um cargo elevado como o de professor lucasiano, normalmente tem de ser clérigo, isto é, sacerdote ordenado da Igreja anglicana. O próprio dr. Barrow era muito religioso e, conhecendo Isaac tão bem quanto conhecia, com certeza sabia que ele estava cheio de dúvidas. Em seu lugar, muitos outros teriam expulsado o Isaac da universidade, mas o dr. Barrow fez o contrário e insistiu com as autoridades que não era necessário Isaac se ordenar clérigo.

É claro que Barrow teria preferido que Isaac compartilhasse suas crenças, mas tinha grandeza suficiente para deixar seus sentimentos pessoais de lado e até infringir um pouco as regras para que seu amigo brilhante alcançasse a mais elevada posição acadêmica. Sujeito bacana esse dr. Barrow, não acha?

DIÁRIO INENCONTRÁVEL DO ISAAC

Eu sabia que era melhor não me desgrudar do Barrow: adoro ser professor lucasiano! Bom salário e muito tempo livre para estudar. Quase compensa a chatice de dar dez aulas públicas por ano. Odeio que fiquem me

Isaac Newton e sua maçã

As aulas do Isaac não eram nenhum sucesso. Pouquíssimos alunos queriam aprender alguma coisa, e embora no início alguns tenham aparecido para ver seus truques com os prismas, logo desistiram quando Isaac começou a fazer longos e monótonos sermões sobre como achava que tudo funcionava. Os alunos costumavam se retirar e deixá-lo falando sozinho — e não demorou para que ninguém mais aparecesse e ele tivesse que discursar para si mesmo. Suas aulas foram ficando cada vez mais curtas, mas como faziam parte do seu trabalho, Isaac falou para salas vazias por quase vinte anos.

Não obstante suas aulas chatas, Isaac Newton se tornou uma celebridade em Cambridge, e isso apesar de ficar de

Isaac fica famoso de morrer

bico calado sobre a maior parte das coisas que fazia. Mas falava-se muito sobre seu telescópio, e logo notícias sobre esse "instrumento maravilhoso" chegaram a Londres.

A Royal Society

Essa sociedade foi fundada em Londres em 1660 e está firme lá até hoje. Seu nome completo era Sociedade Real para a Promoção do Conhecimento Natural.

Os membros da sociedade estavam muito interessados em saber o que o Isaac andava fazendo, e em dezembro de 1671 ele lhes mostrou seu novo telescópio aprimorado. Era um instrumento de 20 cm de comprimento, 5 cm de fora a fora, e cinco vezes mais potente que o primeiro. Foi o maior sucesso: até o rei Carlos II quis saber se podia olhar através dele.

Um mês depois, Isaac era eleito para a Royal Society, o que o deixou todo animado, embora ser um membro dessa sociedade custasse um xelim [o equivalente, hoje, a mais de sessenta reais] por semana.

Quase imediatamente o secretário da Royal Society, Henry Oldenburg, convenceu o Isaac a pôr no papel suas teorias sobre a luz e as cores, e elas foram lidas durante uma reunião semanal dos membros da sociedade. Causaram um impacto daqueles em todos...

Isaac Newton e sua maçã

Droga! Esquecemos do Robert Hooke. Ele era curador de experiências da Royal Society, e pediram que checasse em detalhe, com o bispo de Salisbury e o cientista Robert Boyle, as descobertas do Isaac. Boyle se tornaria amigo do Isaac e, graças à sua influência, iria ajudá-lo muito no desenvolvimento de suas pesquisas científicas — até as de alquimia. Nem ele nem o bispo encontraram erros no trabalho do Isaac, mas Hooke o atacou na reunião seguinte.

> O TRABALHO DO NEWTON É UMA PORCARIA! EU JÁ HAVIA RELATADO AOS SENHORES MINHAS EXPERIÊNCIAS PARA PRODUZIR ESPECTROS. DESCARTES TINHA RAZÃO, SÓ HÁ DUAS CORES PURAS: VERMELHO E AZUL. TODAS AS OUTRAS SÃO UMA MISTURA DAS DUAS. CRIEI TAMBÉM UMA PORÇÃO DE OUTRAS TEORIAS

Não há dúvida que criou, sr. Hooke, mas o problema é que, embora suas experiências fossem ótimas, o senhor não entendia o que demonstravam os resultados que obtinha.

Isaac fica famoso de morrer

As críticas de Hooke deixaram o Isaac irado, mas só em junho ele respondeu, com uma carta arrasadora à sociedade. Em linguagem corrente, eis o que o Isaac disse:

É UMA GRANDE SATISFAÇÃO SABER QUE UMA PESSOA TÃO INTELIGENTE COMO O SR. HOOKE NÃO POSSA ACHAR NADA DE ERRADO NAS MINHAS TEORIAS. ELE INVENTOU UMAS BESTEIRAS QUE DISSE SEREM MINHAS QUANDO NÃO ERAM, INSINUOU QUE ALGUMAS IDEIAS MINHAS NA VERDADE ERAM DELE, E IGNOROU COMPLETAMENTE OS RESULTADOS DE ALGUMAS EXPERIÊNCIAS

Hooke recebeu uma repreensão da sociedade, o que o deixou de bico calado por um tempo. Mas as teorias do Isaac sobre a luz também lhe causaram problemas com cientistas estrangeiros, em particular com um grupo que incluía alguns jesuítas (católicos rigorosos) ingleses que viviam na cidade belga de Liège. Eles tentaram reproduzir as experiências do Isaac, mas não obtiveram os mesmos resultados. Embora a razão disso fosse o uso de apetrechos diferentes dos de Isaac, esse grupo disse que as teorias é que estavam erradas. Isaac não suportou a calúnia.

Em dezembro de 1674 escreveu a Henry Oldenburg dizendo: "Decidi não me dedicar mais à promoção da filosofia". Oldenburg ficou transtornado com essa decisão, porque sabia que o Isaac era um dos maiores astros

Isaac Newton e sua maçã

da sociedade, e fez o impossível para que ele não deixasse a Royal Society.

É verdade que o Isaac estava preocupado com dinheiro. Ele achava que ia perder seu bem remunerado cargo de professor lucasiano por causa das suas crenças religiosas — ou descrenças, para sermos mais precisos. Cambridge não aceitava como membro da congregação mais ninguém que não fosse clérigo, por isso parecia cada vez mais improvável que Isaac escapasse à demissão. Felizmente, seu amigo Isaac Barrow se tornou capelão real na época e aconselhou nosso Isaac a pedir ajuda ao rei Carlos II.

O Isaac tinha mesmo muita sorte.

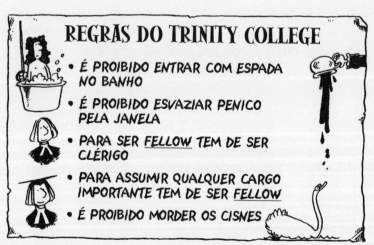

Isaac fica famoso de morrer

Não era só o Barrow que tinha acesso ao rei...

... outro conhecido do Isaac também tinha. Lembra-se do Humphrey Babington? Aquele irmão da sra. Clark de quem Isaac foi criado de quarto quando entrou para Cambridge? Então, Humphrey era suficientemente importante na faculdade para dizer:

Isaac Newton e sua maçã

Isaac se acalma

Isaac se animou com o apoio que recebeu, e resolveu fornecer mais detalhes sobre as suas experiências com a luz, inclusive sobre seus "anéis de Newton". Por um tempo, pareceu que tinha voltado às boas com Robert Hooke, tanto que pediu a Henry Oldenburg que retirasse de um dos seus textos uma observação em que comparava Hooke a um palhaço. Chegou a escrever a Hooke uma carta dizendo:

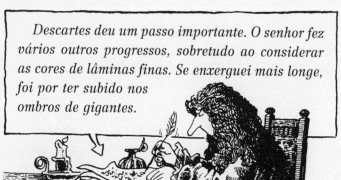

Descartes deu um passo importante. O senhor fez vários outros progressos, sobretudo ao considerar as cores de lâminas finas. Se enxerguei mais longe, foi por ter subido nos ombros de gigantes.

Ele foi generoso ao dizer isso, não? Simpático e amável, não acha? Mas também não acha meio esquisito, vindo do nosso rabugento, reservado e destemperado Isaac?

Se você acha isso suspeito, talvez tenha toda a razão.

Embora "ter subido nos ombros de gigantes" seja uma bela citação (que você encontrará estampada na borda de uma moeda de duas libras), saiba que o Robert Hooke era baixote e fisicamente deformado. Talvez essa observação tenha sido a maneira que Isaac encontrou para agradecer a todo mundo, desde a Antiguidade, com a única exceção de Robert Hooke! Na verdade, Isaac pode ter escolhido deliberadamente a palavra *gigantes* só para ser cruel e sarcástico. O que você acha?

Isaac fica famoso de morrer

Temos de reconhecer o mérito de Hooke nesse caso, pois, se ele ficou magoado, nunca deixou transparecer. De todo modo, não demorou muito para que os dois se desentendessem de novo: espere um pouco, que você já vai ver.

Enquanto isso, Isaac recebia cada vez mais críticas dos estrangeiros. Cartas furiosas iam e vinham, e Isaac começou a desconfiar que os jesuítas de Liège, junto com muitas outras pessoas, estavam deliberadamente enchendo sua paciência. Não demorou muito para ele explodir.

... com isso ele queria dizer que também não queria mais saber de óptica!

AS PESQUISAS ESQUISITAS DO ISAAC

Além das pesquisas em óptica que o tornaram famoso em Londres, Isaac ainda arranjava tempo para se dedicar à alquimia em Cambridge. Em 1673, ele e seu amigo Wickins mudaram para quartos diferentes, que tinham um galpão de madeira anexo. Não demorou muito para o Isaac ter ali uma porção de equipamentos misteriosos com líquidos borbulhando dentro, e depois de ter decidido abandonar a ciência, consagrou todo o seu tempo a esses estudos estranhos.

Isaac estava muito empolgado com suas pesquisas alquímicas, e ninguém pode criticá-lo por isso, porque deve ter sido bem gostoso se livrar daquela montanha de números complicados. Ele e Isaac Barrow concordavam que "as especulações matemáticas acabam ficando meio sem graça". Isaac compôs mais de cem obras sobre o tema — e se você quisesse imprimir tudo o que ele escreveu sobre alquimia, iria encher uns quarenta livros do tamanho deste que você está lendo.

O lado bom dessa história de alquimia é que o Isaac não perdeu a prática de fazer experiências, além de se manter aberto para diferentes formas de encarar os pro-

As pesquisas esquisitas do Isaac

blemas. É difícil imaginar o que se passava no seu cérebro privilegiado quando ele ficava observando aqueles vasos esquisitos borbulharem, e novos cristais, líquidos e cheiros emergirem deles. Chegou-se até a sugerir que, enquanto ele fazia essas experiências estranhas, pensava é na gravidade, e que só inventou a história da maçã por piada.

Está bem, Isaac. Como você era a única pessoa presente, temos de aceitar sua palavra.

O lado ruim dessa história de alquimia é que o Isaac costumava experimentar todo tipo de poções bizarras que preparava. Isso era superperigoso, porque em alquimia se trabalhava muito com "metais pesados", como chumbo e mercúrio, que hoje sabemos serem venenosos. Isaac respirava feliz aqueles vapores enquanto aquecia os componentes e provava os líquidos produzidos. Até brincou com Wickins, dizendo que de tanto ele tomar argento-vivo, seus cabelos estavam ficando prateados. (Argento é um antigo nome da prata, e argento-vivo, outro nome do mercúrio: como se vê, se não tivesse sido um gênio da ciência, o Isaac teria dado um ótimo cômico.)

Pior ainda, certos aspectos da alquimia não eram exatamente legais. Algumas experiências com equipamentos de química não causavam nenhum problema, mas os alquimistas radicais beiravam a bruxaria. Como o Isaac além de tudo tinha crenças religiosas duvidosas, ele precisava tomar muito cuidado e não podia deixar que qualquer um soubesse o que andava fazendo.

O resultado mais desastroso das suas experiências se deveu sem dúvida ao equipamento improvisado que ele utilizava, conforme Isaac descobriu em março de 1668.

Certa manhã de inverno, Isaac fez uma coisa bem esquisita: foi à igreja, a Trinity Chapel; porém, deixou uma mistura no fogo. Sabe-se lá como, as chamas atingiram a montoeira de papéis e produtos químicos espalhados por seu laboratório, e a casa inteira pegou fogo. Uma grande quantidade de documentos inestimáveis, entre eles anotações de suas experiências alquímicas dos últimos vinte anos e principalmente um volumoso livro de sua autoria sobre a luz, também se transformaram em cinzas. Imagina-se que esse livro era uma obra-prima que ele vinha preparando para calar a boca dos críticos que

As pesquisas esquisitas do Isaac

tanto o irritaram — e em questão de minutos, BUUM!, tudo virou fumaça.

Isaac levou anos para se refazer desse golpe.

As coisas pioraram. Em 1678, Isaac perdeu dois amigos importantes: Barrow e Oldenburg morreram. Agora, em 1679, ele teve de ir a Lincolnshire cuidar da mãe, que uma febre violenta derrubara. Apesar de todos os remédios e da atenção constante, ela morreu em junho, deixando Isaac transtornado e confuso. Ele ficou ainda mais frustrado porque teve de ficar por lá até o fim do ano, para pôr em ordem os negócios da família e cobrar o dinheirão que lhes deviam. Para refrescar a cabeça, ele voltou a pensar na força invisível que tinha feito a maçã cair, mas, engraçado, foi só graças ao seu velho inimigo que conseguiu avançar de fato.

UM PONTAPÉ PROVIDENCIAL

Quando Isaac voltou a Cambridge em dezembro de 1679, havia uma carta de Robert Hooke esperando por ele.

Hooke andara pensando nos movimentos dos planetas, e outros membros da Royal Society o incentivaram a ver se Isaac não poderia fornecer algumas respostas matemáticas. Para estimular Isaac, Hooke prometeu que não tornaria público nada do que ele lhe mandasse.

Isaac não queria perder tempo com Hooke, mas para não ofender a sociedade, mandou uma pequena "fantasia" sobre como achava que as coisas caíam de lugares altos. (Como a Terra girava, os objetos não caíam em linha reta no chão. Isaac disse que eles caíam descrevendo uma pequena espiral.) Como mostra o desenrolar dos acontecimentos, Isaac deveria ter guardado suas ideias para si.

Um pontapé providencial

Por uma feliz intuição, Hooke deu com uma falha na pequena fantasia do Isaac e mostrou que as coisas caíam descrevendo uma espiral *elíptica*. Ficou tão prosa com seu achado, que quebrou a palavra e contou o caso para *todo mundo*.

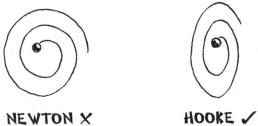

De início Isaac tentou ignorar o ocorrido, mas Hooke não parava de falar no assunto e rir do Isaac com seus colegas em Londres.

Isaac não se manifestou durante um ano. Estaria...

- emburrado?
- tramando sua vingança?
- repentinamente ciente de algo terrível?

Isaac Newton e sua maçã

Uma combinação das três coisas. Por causa da gravidade e da rotação da Terra, Hooke parecia ter razão, e os objetos *de fato* cairiam descrevendo uma elipse.

Elipses! Onde é que vimos isso antes?

Outros membros da sociedade estavam começando a sentir falta das contribuições de Isaac, por isso foram pedir a Hooke que tentasse acomodar as coisas mandando ao Isaac algumas cartas científicas descontraídas na esperança de uma resposta. Em janeiro de 1680, uma dessas cartas apresentava a ideia de uma força de atração central que mantinha os planetas em órbitas elípticas, o que se relacionava de algum modo com uma lei do inverso do quadrado.

Um pontapé providencial

Até aqui, a única gravidade em que o Isaac pensara tinha sido aquela que atraía as coisas para o chão. Mas e se o Sol também atraísse as coisas por gravidade? Será que a gravidade não atuava à distância, atravessando o espaço e mantendo os planetas em suas órbitas elípticas?

Era isso!

Hooke havia chegado por si mesmo a algumas conclusões sobre a gravidade (que, como era próprio do seu estilo, se baseavam em hipóteses sem nenhuma prova), mas não tivera a capacidade de ver aonde elas levavam. Ainda que tivesse conseguido enxergar o quadro geral, provavelmente não teria sido capaz de empregar a matemática necessária para juntar as peças. Mas Isaac era capaz de fazer isso. E foi o que ele fez.

TRÊS CARAS TOMAM CAFÉ

Hoje em dia, em Londres, se você precisa fazer uma pequena reunião de negócios, ter uma conversa particular ou até planejar um golpe, marca encontro num bar ou num restaurante. É mais simpático e mais descontraído do que conversar num escritório ou numa sala de reuniões, por isso as pessoas tendem a falar mais e é mais fácil chegarem a um acordo.

Nos anos 1680, as pessoas usavam os cafés com esse mesmo fim. No calor, na fumaça e no odor dos cafés, tratavam de todo tipo de negócios e discutiam tudo, de arte a assassinatos.

Assim, foi num desses cafés que teve lugar, no novo ano de 1684, um encontro entre três homens.

Lá estava Christopher Wren, mais lembrado como o arquiteto que projetou a catedral de St. Paul mas que também era cobra em tudo o mais.

Lá estava Robert Hooke. Dele já falamos bastante, não acha?

E lá estava Edmund Halley, um cavalheiro que é mais

Três caras tomam café

conhecido por ter predito que o cometa de Halley reapareceria em nossos céus a cada 76 anos. Se você pensar que ele só viu o cometa passar uma vez, pode imaginar que cálculos pavorosos precisou fazer!

O tema da conversa foi a gravidade.

Halley não se deixava impressionar por Hooke, por isso fez uma visita-surpresa ao Isaac e lhe perguntou com

Isaac Newton e sua maçã

a maior delicadeza se este não podia ajudá-lo. Isaac lhe contou dos cálculos que fizera sobre as leis do inverso do quadrado e sobre como elas explicavam a órbita elíptica dos planetas. Halley se sentiu nas nuvens, principalmente quando Isaac se dispôs a procurar suas anotações e mostrá-las a ele.

Infelizmente, Isaac não conseguiu encontrar as anotações que interessavam ao Halley (pelo menos foi o que disse), mas prometeu que escreveria tudo de novo. Halley foi embora se perguntando se o Isaac não estava, como de costume, guardando segredo, mas a única coisa que podia fazer era esperar calmamente por algum resultado. Para seu alívio, poucos meses depois nove folhas de papel chegaram em sua casa. Traziam o título em latim *De motu corporum in gyrum*, que significa "Sobre o movimento dos corpos orbitantes".

Os bons modos e a paciência de Halley o recompensaram com um verdadeiro tesouro científico.

O FIM DO ÉTER

Pequeno capítulo em que o Isaac reduz a pó outra ideia consagrada da ciência

Enquanto preparava o *De motu* para Halley, Isaac teve de resolver outros problemas. Um deles dizia respeito ao "éter", que todo mundo achava que existia mas que não batia de jeito nenhum com os cálculos do Isaac. O que era (ou não era) o tal éter? Bem, o éter entrou em cena mais ou menos assim...

Quando os primeiros cientistas tentaram explicar coisas como a luz e o magnetismo, não gostaram nem um pouco da ideia de que uma coisa pudesse viajar através do nada.

Isaac Newton e sua maçã

Eles achavam que tinha de haver algo através do qual coisas como a luz e o magnetismo viajavam, e chamaram esse algo de "éter".

Imaginavam que o éter era como um gás leve capaz de atravessar tudo, e fizeram uma experiência que "provava" sua existência.

Eles sabiam que, se pusessem em movimento um pêndulo, ele pararia em alguns minutos. Achavam que a razão disso era que o pêndulo em movimento tinha de empurrar o ar e também esse "éter", o que acabava reduzindo seu movimento. Colocaram então um pêndulo numa redoma de vidro da qual tiraram todo o ar. O pêndulo levou horas para parar, mas enfim parou. Concluíram que isso aconteceu porque ele ainda precisava fazer força contra o éter, que estava presente em toda parte — inclusive dentro da redoma.

Parecia terem provado que o éter existia.

No entanto, quando o Isaac começou a fazer seus cálculos sobre o movimento orbital dos planetas, todos davam perfeitamente certo — contanto que nada reduzisse a velocidade dos planetas. Isso indicava que não existia éter coisíssima nenhuma.

O fim do éter

Isaac repetiu então a experiência do pêndulo, mas à sua maneira. Construiu um pêndulo oco, botou-o na redoma de vidro, tirou todo o ar, pôs o pêndulo em movimento e cronometrou quanto tempo ele levava para parar.

Isaac Newton e sua maçã

Depois o Isaac encheu o pêndulo de areia.

Isaac encheu então o pêndulo com outras coisas, como mercúrio ou óleo, e todas as vezes o botava na redoma, tirava o ar, punha em movimento e cronometrava. O resultado era sempre o mesmo. Independentemente do que fazia o pêndulo parar, Isaac ficou convencido de uma coisa...

Para os cientistas convencionais, isso era impossível, porque significava que uma força podia atravessar o espaço vazio. Mas o Isaac não tinha medo de adotar novas ideias (o que implicava introduzir alquimia e religião entre elas), e assim, por mais espantoso que pudesse parecer, "não há éter nenhum" era a única resposta.

A NOVA TORCIDA DO ISAAC

Isaac nunca teve muitos amigos íntimos, e em 1683 até o John Wickins se mudou. Embora houvessem dividido quartos por vinte anos, depois disso quase nunca mais tiveram contato. Talvez, finalmente, o devoto cristão Wickins já não tolerasse as estranhas concepções religiosas do Isaac, ou vai ver que o Isaac é que se cansou de dividir quarto com alguém que cultuava o que ele considerava imagens pagãs. Pode ser também que o Wickins não aguentasse mais todas aquelas experiências malucas do Isaac e o comportamento antissocial dele. Seja qual for o motivo, o que importa é que ele deu o fora.

Isaac Newton e sua maçã

E de repente o Isaac descobriu que precisava de alguém para fazer todas as coisas chatas que o Wickins viera fazendo todos aqueles anos.

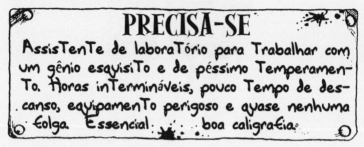

Isaac acabou contratando um assistente chamado Humphrey Newton. Humphrey também era de Lincolnshire, mas não tinha nenhum parentesco com ele.

O mais importante é que o trabalho do Isaac atingia agora um público mais vasto, e necessitava da pessoa certa para arrancá-lo dele, Isaac, e depois apresentá-lo ao mundo todo. Edmund Halley entrara em cena na hora certa.

Quando Halley recebeu o *De motu*, ficou tão impressionado que correu para Cambridge a fim de ver se Isaac não tinha mais alguns documentos interessantes que ninguém ainda vira. Claro, o Isaac tinha escritos aos montes, e Halley se dispôs a pagar para que todos fossem publicados.

A nova torcida do Isaac

Era uma oferta muito generosa da parte de Halley, mas Isaac não quis aceitá-la naquele momento. Enquanto ele preparava o *De motu*, ocorreu-lhe uma ideia terrível...

Se o Sol tinha gravidade e a Terra tinha gravidade, então *tudo* tinha gravidade? Isso iria levar à sua teoria da "gravitação universal" — em outras palavras, o Isaac começava a entender as verdadeiras implicações do "Super-G".

É importante notar que embora tenhamos apelidado por piada a gravidade de "Super-G", se Isaac a chamou de "Super-G", talvez estivesse pensando em outra coisa. Afinal, *Deus* em inglês também se escreve com G: *God*. Essa força invisível que atuava sobre tudo no Universo não poderia ser a prova que fazia tempo ele procurava da existência de Deus? Deus, acreditava-se, era invisível, poderoso e "onipresente" (isto é, presente em toda parte), exatamente como a gravidade! Mais ainda, apesar de Isaac poder ver os efeitos da gravidade sobre todas as coisas, era impossível explicar por que ela estava presente ou como agia. A gravidade era tão majestosa e misteriosa quanto Deus!

Isaac ficou muito excitado com esse pensamento, entretanto resolveu que iria reunir todos os fatos consistentes de que dispunha. Afinal, se iam ser publicados, ele queria que o resultado fosse de arrepiar. E foi mesmo.

O LIVRÃO DA CIÊNCIA

Isaac trabalhou firme em seu grande livro durante um ano e meio. A maior parte do tempo, ficou trancado em seus aposentos, e sua única companhia era o Humphrey, que meticulosamente punha o livro no papel, palavra por palavra.

Nos primeiros meses, Newton mandava bilhetes para John Flamsteed, o astrônomo real, que cobravam do coitado a determinação mais exata possível da posição dos planetas. Flamsteed fazia das tripas coração, apesar de nunca ter conseguido entender por que o Isaac era tão exigente. Como todo mundo, ele achava que as órbitas dos planetas eram determinadas pela gravidade do Sol e ponto final. Não podia imaginar que o Isaac começara a desconfiar que cada planeta tinha sua própria gravidade e afetava um pouco a trajetória dos outros.

Finalmente, no verão de 1686, a *Philosophiae naturalis principia mathematica* ficou pronta. Isaac sabia que a obra seria um tremendo clássico, por isso teve o maior cuidado em lhe dar tal aparência.

O livrão da ciência

Como escrever um tremendo clássico do século XVII

- Escrever em latim. Desse modo qualquer acadêmico do mundo poderá lê-lo. Isso também significa que os camponeses ignorantes não entenderão patavina, o que evitará que façam perguntas idiotas sobre ele.
- Não usar cálculo diferencial ou integral. Afinal, você ainda está tentando manter seu novo método matemático em segredo. Em vez disso, todas as suas provas e raciocínios devem se basear na antiga matemática grega, o que complica muito as coisas, mas ao menos todo mundo está acostumado com ela há milênios.
- Dar a ele um título extravagante, que significa "Princípios matemáticos da filosofia natural".
- Não deixar Robert Hooke vê-lo.

Com toda a certeza, o Isaac seguiu à risca os três primeiros pontos, mas, como já veremos, se enrolou no último.

Quando Isaac terminou de escrever sua grande obra (os *Principia*, como costumava ser chamada), ela acabou sendo não um livro, mas três. O primeiro era basicamente o *De motu* retrabalhado, que teve uma cópia manuscrita apresentada em abril de 1686 à Royal Society. Edmund Halley se encarregou de cuidar da obra, no que fez muito bem, porque não fosse ele, o livro nunca teria sido publicado. Halley abandonou seu trabalho para incentivar Isaac e reler o que este havia escrito. Pagou todas as despesas e também teve de enfrentar dois grandes problemas.

Isaac Newton e sua maçã

Os problemas editoriais de Halley

O primeiro problema é que publicar livros custa um dinheirão, e é sempre uma incógnita se um livro vai dar retorno ou não. (Por falar nisso, se você comprou este livro com seu dinheirinho, é o momento adequado para lhe agradecer. Muito obrigado.) A sociedade tinha acabado de financiar a publicação de um calhamaço chamado *De historia piscium*, do qual vendeu pouquíssimos exemplares. O que não dá para entender: como é que ninguém compra um livro com o título instigante de *A história dos peixes*? Você não apostaria que iria ser o maior best-seller? Pois é, o mercado editorial é assim mesmo.

Em todo caso, os membros da sociedade andavam hesitando em investir o resto do seu capital em outro livro, de modo que Edmund Halley precisou de muita saliva — para não dizer de um bom punhado do dinheiro dele — para convencê-los a publicar a obra de Isaac. Deve-se lembrar que, quando saíram, os *Principia* também não venderam muito, mas acabaram virando leitura obrigatória no mundo todo.

O livrão da ciência

O outro problema que o Halley teve de enfrentar foi uma reclamação furiosa.

Está bem, sr. Hooke, vamos tentar ser justos. Alguns anos atrás, o senhor tinha escrito o seu *Discurso sobre a natureza dos cometas*, e é verdade que disse ali que todos os planetas e o Sol tinham sua gravidade própria, e citou a lei do inverso do quadrado, MAS suas explicações eram frágeis e se baseavam no "éter", que não existe. O caso é que o Isaac descobriu a lei do inverso do quadrado séculos antes do senhor, embora a tenha guardado em segredo. Além do mais, o senhor apenas faz suposições e não consegue provar coisa alguma.

Ah, sim, claro que poderia.

Isaac Newton e sua maçã

Ainda em 1686, Isaac concluiu seu segundo livro, mas quando já ia terminando o terceiro, ouviu dizer que o Hooke continuava a falar mal dele para todo mundo nos cafés de Londres. Para grande desapontamento de Halley, Isaac se recusou a entregar o terceiro livro.

Halley acabou pedindo a Christopher Wren que convencesse o Isaac de que a única coisa que o Hooke estava fazendo era ficar mais contestável e ridículo que nunca. Isaac mudou de ideia, mas antes de entregar o terceiro livro, reescreveu-o. Ele havia tentado tornar a versão original mais fácil de acompanhar, mas agora a editava de tal modo, que só quem tinha lido os dois primeiros livros poderia entender o terceiro. Também complicou o mais que pôde a matemática do livro, só para ter certeza de que o Hooke não conseguiria acompanhá-la ou, pior ainda, proclamar que ela era de sua autoria.

Afinal, de que tratavam os *Principia*?
De forças.
Simples, não é?

O livrão da ciência

Na verdade, os *Principia* tinham 550 páginas, de modo que traziam mais alguns pequenos detalhes além disso, mas se você está lendo este livro na banheira e a água está começando a esfriar, eis as duas coisas principais que o livrão do Isaac diz:

- Quanto maior é a força com que a gente empurra uma coisa, mais depressa a coisa se move.
- Tudo é atraído por todas as outras coisas, e quanto maiores, mais sólidas e mais próximas elas forem, maior a atração.

Neste ponto, se quiser, você pode sair do banho e esvaziar a banheira. Quando voltar a este livro, pode até trapacear e recomeçar da página 158, mas se fizer isso, vai perder os geniais trechos técnicos com que nós outros vamos nos divertir a partir de agora. Azar o seu.

Isaac Newton e sua maçã

Os trechos técnicos — em forma agradável e simples

As ideias de força, gravidade e peso são bastante simples para nós atualmente, mas antes de Isaac introduzi-las, o mundo estava acostumado somente ao "éter" e às "coisas em seus devidos lugares". Isaac não só forneceu essas curiosas ideias novas, como também mostrou que se podia medir e calcular tudo, em vez de apenas dizer vagamente que "as coisas acontecem".

As partes mais úteis dos *Principia* ainda são usadas por engenheiros e físicos a cada dia que passa. São elas:

AS LEIS NEWTONIANAS DO MOVIMENTO

Primeira Lei de Newton: Todas as coisas permanecem em repouso ou se movem em linha reta na mesma velocidade, a não ser que uma força aja sobre elas.

Bem, a primeira parte da lei é simplíssima. Tudo o que não está se movendo só vai se mover se alguma coisa lhe der um empurrão. Fácil.

A segunda parte é mais interessante. Diz que todas as coisas que estão em movimento continuarão se movendo para sempre em linha reta na mesma velocidade, a não ser que uma força aja sobre elas. Imagine que você esteja num carro, numa velocidade constante, numa estrada reta e plana. Se você fechar os olhos e tapar os ouvidos, não será capaz de dizer em que velocidade está se movendo — pode ser até que nem saiba se está parado ou não. Isso porque não há nenhuma força agindo sobre você e você pode ficar confortavelmente sentado no seu banco.

O livrão da ciência

Se de repente o carro acelerar, você vai perceber, porque se sentirá empurrado para trás no seu banco pela força que vai agir sobre você. Claro, depois que o carro alcançar a velocidade mais rápida e parar de acelerar, você não sentirá mais essa força.

Se o carro frear de repente, a velocidade rapidamente diminuirá e você vai se sentir lançado para a frente. É por isso que você deve usar o cinto de segurança: ele proporciona a força necessária para reduzir sua velocidade.

ACELERANDO... ...FREANDO

Se o carro fizer curvas, você também vai sentir, porque será jogado para um lado ou outro pelas forças que vão agir então.

Se você for a uma dessas montanhas-russas que fazem *loops*, ela vai acelerar você, desacelerar você, empurrar você não só para o lado mas também verticalmente, quando você virar de cabeça para baixo no *loop*. Quer dizer, você vai sentir uma porção de forças, que provêm das mais diferentes direções, agindo sobre você, e é isso que torna o brinquedo tão excitante!

Isaac Newton e sua maçã

Recapitulando: quando se acelera, se desacelera ou se faz uma curva, sempre tem uma força agindo. É essa a Primeira Lei de Newton.

Tem outra ideia mais interessante ligada a ela:

Se a gente atirar uma bola para a frente, duas forças estarão agindo sobre ela enquanto ela se afasta. A resistência do ar reduz gradativamente a velocidade da bola, e, ao mesmo tempo, a gravidade puxa a bola para o chão.

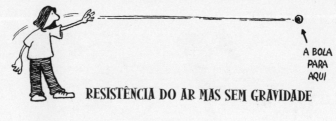

Não fossem essas forças, a bola voaria em linha reta sem parar até o fim do Universo!

Essa é boa, hein?

O livrão da ciência

Segunda Lei de NewTon: A mudança de movimento depende da intensidade da força.

Já tentou empurrar sozinho um carro? No começo, para movê-lo, você tem de empurrar com muita força. Isso porque o carro está ganhando velocidade, em outras palavras, está acelerando — o que consome força. Quando o carro atingir a velocidade que você deseja, você já não precisará empurrar com tanta força para que ele continue andando. (Quando o carro estiver andando rápido o suficiente, você só precisará fazer força para empurrar o ar para fora do caminho e superar o atrito das rodas.)

Se você dispuser de alguém para ajudá-lo, o carro vai receber o dobro de força — e você vai ver que ele ganhará velocidade duas vezes mais rápido. Já se você empurrar dois carros, eles só vão ganhar a metade da velocidade.

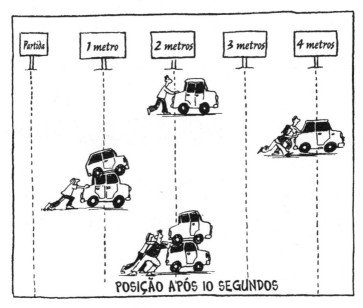

Isaac Newton e sua maçã

Essa lei tem uma fórmula que provavelmente é a fórmula mais importante da física:

Força = Massa × Aceleração
ou **F = MA**, para abreviar

Claro que não fica nada claro escrever uma coisa como "força igual a massa vezes aceleração" sem explicá-la, por isso na primeira parte dos *Principia* Isaac tomou o cuidado de dizer com exatidão o que cada palavra significa. Vamos descobrir:

ACELERAÇÃO
Já vimos o que é aceleração quando falamos do Galileu. Se tiver preguiça de procurar a página: significa com que rapidez sua velocidade está mudando. Imagine que você esteja indo a um metro por segundo, um segundo depois a dois metros por segundo, um segundo depois a três metros por segundo... A sua velocidade estará aumentando um metro por segundo a cada segundo ou, como se costuma dizer — muito confusamente, convenhamos —, um metro por segundo por segundo. Você pode escrever assim: $1\ ms^{-2}$, o que só complica um pouco mais as coisas, de modo que vamos em frente...

MASSA (e como perder peso facilmente!)
Hoje em dia, a massa é medida em quilogramas. Ela depende do volume e da densidade do objeto, ou, em palavras mais simples, do tamanho e da consistência dele.

Imagine que você tenha um tijolo e uma esponja do mesmo tamanho. O tijolo vai ter muito mais massa, porque é mais denso. Claro, se sua esponja fosse mil vezes

O livrão da ciência

maior que o tijolo, seria mais pesada, porque você teria muito mais esponja.

O esquisito é que massa *não* é a mesma coisa que peso. Você pode verificar isso pessoalmente: basta ter uma balança e um foguete espacial. Faça o seguinte:

1 Suba na balança e veja qual o seu peso — por exemplo, 50 kg.

2 Pegue sua balança, entre no foguete e voe até a Lua.

3 Quando descer na Lua, suba de novo na balança. Você vai ver que seu peso é mais ou menos 8 kg. *Nossa!*

4 Volte para casa no foguete, mas enquanto estiver no espaço, experimente subir na balança. Aí vai ser moleza, porque você estará flutuando e, claro, seu peso será zero!

Isaac Newton e sua maçã

O que aconteceu? Por que seu peso diminuiu? Será que alguém tirou tudo o que existe dentro do seu corpo?

Claro que não. O que é difícil de entender é que o peso é uma força. Quando você sobe numa balança, na verdade ela não mede sua massa, mas a força dos seus pés empurrando para baixo. Essa força vem da gravidade da Terra, que puxa sua massa para o chão. Na Lua, tem muito menos gravidade puxando sua massa para baixo, por isso a balança mostra uma força menor. No espaço sideral, quase não tem gravidade nenhuma, portanto a balança não mostra nenhuma força — em outras palavras, você não tem peso! No entanto, sua MASSA é a mesma: você continua com 50 kg.

Como as balanças caseiras medem uma força, e não a massa, elas não deviam marcar quilogramas, mas unidades de força. Ei, que negócio é esse de medir força? Vamos ver...

FORÇA

Antes de Isaac explicar o que é força, ninguém sabia direito o que era, mas hoje em dia sabemos perfeitamente.

Imagine que você tenha uma peça de metal com uma massa de 1 kg flutuando no espaço. Agora imagine que você dê um empurrão nela acelerando-a um metro por segundo a cada segundo. Sabe quanta força você precisará aplicar? A resposta é... um newton.

Pois é, quando inventaram as unidades métricas, em homenagem a Newton deram seu nome às unidades de força. Assim, para ser precisa, a sua balança caseira deveria marcar newtons. Quer dizer que um newton é a mesma coisa que o peso de 1 kg? Infelizmente, não...

O livrão da ciência

Voltemos a **Força** = **Massa** × **Aceleração**.

Galileu mostrou que um objeto ao cair tem uma aceleração constante, que na Terra é cerca de dez metros por segundo por segundo. (Na Lua, é apenas 1,6 metro por segundo por segundo.) Assim, se na equação pusermos a aceleração igual a 10, podemos calcular a força de um objeto caindo na Terra:

Força = Massa × 10

Assim, se sua massa é 50 kg, e se você cair de um edifício, a força que puxa você para a Terra será:

Força = 50 × 10, o que dá 500 newtons

Como a aceleração é constante, a força é sempre a mesma, não importando a velocidade com que você cai. Mesmo se você estiver caindo com uma velocidade zero (isto é, se não estiver caindo, mas estiver em cima da balança no seu banheiro), a força que puxa você para o chão continua sendo de quinhentos newtons.

As balanças caseiras deveriam ter suas escalas em newtons, e não em quilogramas. Mas parece que os fabricantes de balanças caseiras consideram que você só vai usá-las na Terra, por isso eles marcam suas escalas em quilogramas.

No começo deste livro, eu disse que você descobriria por que newtons demais matariam você — pois bem, se um elefante que pesa duas toneladas sentar sobre você, ele vai empurrá-lo para baixo com uma força de 20 mil newtons. Dureza!

Terceira Lei de Newton: A Toda ação corresponde uma reação igual e oposta.

Esta é uma graça e muito simples. O que ela diz é que, quando a gente empurra alguma coisa, essa coisa empurra a gente de volta. (Ou, se a gente puxa, ela puxa a gente de volta.) É a mesma coisa que acontece quando você se encontra num carro que está acelerando: o encosto do seu banco tenta empurrar você para a frente e, ao mesmo tempo, seu corpo empurra o encosto para trás. Vejamos outro exemplo: duas equipes jogando cabo de guerra.

Se ambas puxam com a mesma força, não saem do lugar.

Se uma equipe puxa um pouco mais, a força extra faz que a outra equipe acelere em sua direção.

Mas se a outra equipe soltar de repente a corda, a primeira equipe não vai ter mais nada pelo que puxar e vai levar um trambolhão.

O livrão da ciência

Outra maneira de considerar a lei é ver o que acontece quando você pula. Enquanto você empurra os pés contra o chão, o chão empurra você de volta e faz você subir a uma altura de, digamos, um metro. Mas quando são empurrados contra o chão, seus pés também fazem a Terra se mover na direção oposta, afastando-se de você. Como a Terra é muito maior e mais pesada do que você, ela só se move um pouquinho. Na verdade, MUITO pouquinho mesmo, cerca de 0,00000000000000000000001 de um metro.

Talvez você fique preocupado por ter empurrado a Terra para fora da sua órbita, mas não precisa entrar em pânico. Quando você desce, o oposto acontece. A Terra está puxando você para ela, mas você também está puxando a Terra de volta para você. Depois do seu pulo, a Terra vai estar de volta ao mesmo lugar! Claro, se você pular muito alto e se afastar da Terra, aí sim, você a terá movido um pouquinho de nada. Mas, cá entre nós, como você saiu voando espaço afora e com certeza esqueceu de levar um lanche e um agasalho bem grosso, o fato de a Terra estar um tiquinho fora de posição vai ser a última das suas preocupações.

Isaac Newton e sua maçã

A fórmula do "Super-G"

Todas essas leis e descrições levam a um final espetacular. Isaac disse que tudo, da mais ínfima partícula à maior estrela, tem sua gravidade própria, logo tudo é atraído por todas as outras coisas. Mas quão poderosa é essa atração? Isaac chegou à seguinte fórmula, que determina a atração entre dois objetos quaisquer:

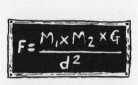

$$F = \frac{M_1 \times M_2 \times G}{d^2}$$

F é força (obviamente).
M_1 é a massa do primeiro objeto.
M_2 é a massa do segundo objeto.
d é a distância entre eles.
G é um número fixo, chamado constante gravitacional.

Isaac afirmou que sua fórmula se aplicava a absolutamente todas as coisas de qualquer tamanho em todo o Universo, e a chamou de Lei da Gravitação Universal.

Para dizer a verdade, na época Isaac estava se arriscando ao afirmar isso, mas o tempo provou que ele estava certo. Essa fórmula se adequava às leis de Kepler, se adequava às observações que Flamsteed fizera no Observatório Real e abria as portas para a solução de todo tipo de problemas.

O livrão da ciência

- No caso de um planeta que gira em torno do Sol, basta você pôr a massa do planeta, a do Sol e a distância entre eles, que poderá calcular a força que os mantém unidos.

- Se quiser calcular a força de gravidade que age sobre um foguete que se afasta da Terra, é só pôr as massas do foguete e da Terra, depois ir mudando a distância à medida que ele se afasta. Neste caso, também dá para usar o cálculo diferencial e integral do Isaac.

- Você pode usar a fórmula para mudar os números da sua balança, para que ela funcione direito na Lua.

Isaac Newton e sua maçã

- Ela explica por que um relógio de pêndulo funciona mais devagar no equador do que no polo norte. Como a Terra gira, tende a ficar mais protuberante dos lados, de modo que o relógio no equador fica um pouquinho mais distante do centro da Terra. Por isso a gravidade no equador é um tiquinho mais fraca!

- Se você está sentado, numa sala, a certa distância de alguém que lhe agrada, pode até calcular a atração gravitacional entre vocês dois! Daqui a um minuto vamos ver como.

O Isaac fez uma descoberta e tanto. A única coisa que ele não viveu o bastante para ver foi o valor preciso do número "G", o qual foi calculado em 1798 por Henry Cavendish e depende de que unidades de medida a gente usa. Se a gente medir a distância em metros, a massa em quilogramas e a força em newtons (claro!), então $G = 0{,}0000000000667$.

O livrão da ciência

Bem, você está sentado, numa sala, a 3 m da pessoa mais adorável do mundo. Qual a força gravitacional que está atraindo vocês um para o outro?

Digamos que cada um de vocês pese 50 kg. Use a fórmula...

$$F = \frac{M_1 \times M_2 \times G}{d^2}$$

ponha os números...

$$F = \frac{50 \times 50 \times 0{,}0000000000667}{3 \times 3}$$

... e vai descobrir que a força que atrai vocês um para o outro é de 0,0000000185 newtons.

Para ser sincero, ela não é suficiente para arrastar vocês aos gritos através da sala num frenético choque de paixões, mas se vocês dois estiverem flutuando no vácuo e dispostos a esperar alguns dias, podem acabar grudadinhos. Melhor que nada, não acha?

ENQUANTO ISSO, NO TRONO...

Enquanto Isaac escrevia os *Principia*, problemas de todo tipo fervilhavam à sua volta. Naqueles dias, com frequência os problemas eram causados pela sucessão de diferentes monarcas que traziam consigo diferentes religiões. O começo da confusão data da época de Henrique VIII.

Enquanto isso, no trono...

E foi assim que Henrique VIII se livrou do papa e se tornou o chefe da Igreja na Inglaterra, iniciando uma monarquia protestante. Aí tudo ficou bem complicado. Eis como as coisas aconteceram:

HENRIQUE VIII	1502-47	CATÓLICO MAS DEPOIS CHEFE DA IGREJA DA INGLATERRA
EDUARDO VI	1547-53	PROTESTANTE
MARIA, A SANGUINÁRIA	1553-58	CATÓLICA ATÉ DEBAIXO D'ÁGUA
ELIZABETH I	1558-1603	PROTESTANTÍSSIMA
JAIME I	1603-25	CONVENCIDO A VIRAR PROTESTANTE
CARLOS I	1625-49	PROTESTANTE
CARLOS II	1660-85	PROTESTANTE MAS SECRETAMENTE CONVERTIDO AO CATOLICISMO EM SEU LEITO DE MORTE

NOTA: ENTRE 1649 E 1660, ESTAVA NO PODER O PROTESTANTE FANÁTICO OLIVER CROMWELL.

A vida podia ser traiçoeira, sobretudo na época de Maria ou Elizabeth, porque as pessoas podiam ser queimadas vivas por terem adotado a religião errada.

Isaac Newton e sua maçã

De qualquer forma, em nossa história chegamos ao ano de 1685 e todo mundo estava acostumado a ter um protestante no trono, quando de repente...

Folhas Populares

Fevereiro de 1685

O REI PIFOU

Semana passada, em Whitehall, o rei Carlos II teve um ataque e, depois de cinco dias na cama, acabou morrendo no dia 6 de fevereiro.

Corre o boato de que nas últimas horas de vida ele pediu para ver o padre Huddlestone, seu velho amigo, e este o converteu ao catolicismo em seus minutos finais.

Isso não chega a causar grande surpresa, porque a avó de Carlos, Ana (esposa do rei Jaime I), sempre foi católica fervorosa, como o irmão dele, que se tornou automaticamente o novo rei Jaime II. O novo rei tem 51 anos.

CROMWELL AINDA RESISTE

Pois é, gente, depois de quase vinte anos, a cabeça de Oliver Cromwell ainda pode ser vista num poste próximo do prédio de Westminster — embora cheia de titica de passarinho e sem olhos, os quais foram devorados há muito tempo.

Enquanto isso, no trono...

O novo rei Jaime era hábil e ativo, mas acima de tudo estava louco para ver a Inglaterra voltar a ser um forte país católico. Ele usou de ameaças para que os católicos logo alcançassem os postos mais elevados do exército, da justiça, do governo e das universidades. Mas as coisas não foram tão fáceis assim, especialmente em Cambridge.

Isaac quase vai parar na forca

O Isaac nunca ligou muito para a Igreja anglicana, mas odiava a Igreja católica de Roma. Apesar de ser uma tremenda besteira da sua parte chamar a atenção para suas ideias sobre religião, ele teve a coragem de falar mal do novo rei e acabou se envolvendo seriamente na Resistência em Cambridge. Isso era para lá de perigoso. Bem no começo do reinado de Jaime, trezentos rebeldes foram condenados à forca pelo juiz Jeffreys nos "Plenários Sangrentos", e do jeito que o Isaac se comportava, não iria demorar muito para chegar sua vez.

O rei que fugiu

Felizmente, a maioria dos ingleses achava que Jaime estava se comportando de maneira injusta e logo ficaram fartos dele. Em 1688, o protestante Guilherme de Orange tirou proveito disso e zarpou da Holanda à frente de uma armada.

Isaac Newton e sua maçã

Folhas Populares

Dezembro de 1688

SEM REI? NÃO FICA-REI!

Os londrinos adoraram quando o holandês Guilherme marchou sobre a cidade. Esperavam assistir a um combate entre ele e Jaime II, mas ficaram desapontados quando o rei não apareceu. Parece que a enfrentar a fúria da multidão, para não falar do exército protestante de Guilherme, o rei preferiu dar o fora. Ele deve ter se lembrado que seu pai, o rei Carlos I, foi executado por Oliver Cromwell. Sem dúvida nenhuma, Jaime não queria receber o mesmo tratamento.

Quando perguntaram a Guilherme se iria perseguir o rei Jaime para levá-lo a julgamento, ele respondeu: "Hã?". Parece que Guilherme não fala inglês.

Jaime zanzou um pouco pela Europa e, após alguns meses na França, resolveu tentar voltar à Inglaterra pela Irlanda, na esperança de que os católicos de lá o ajudariam. No fim das contas, Guilherme formou um exército para pegar Jaime em Dublin, mas este voltou rapidamen-

Enquanto isso, no trono...

te para a França, dessa vez para valer. Guilherme não foi atrás dele, o que não é de espantar: para sorte de Jaime, Guilherme era casado com sua filha Maria, e teria sido meio complicado para ele explicar à mulher que tinha de executar o pai dela.

Guilherme e Maria subiram juntos ao trono em 1689, e isso foi bom para o Isaac, porque ele foi convidado a ingressar no Parlamento como representante da Universidade de Cambridge. Pois saibam que ele só fez um discurso...

AFINAL, NOVOS AMIGOS

Isaac foi membro do Parlamento por apenas um ano, mas nesse período em Londres fez uma porção de amigos valiosos. Eis alguns deles:

Afinal, novos amigos

John Locke — filósofo

Locke se escondeu no estrangeiro durante a confusão e leu os *Principia*, embora admitisse francamente que não entendia nada de matemática. Ele contribuiu muito para divulgar a obra do Isaac e chegou a simplificar suas explicações da gravidade. Os dois ficaram tão amigos que o Isaac até revelou suas concepções religiosas a Locke, que providenciou para que ele as publicasse na Holanda, mas na última hora Isaac desistiu.

Christopher Wren — uma cabeça e tanto

Já encontramos o Wren antes: grande arquiteto, matemático e, fora isso, ótimo papo. Na época, reconstruía a maior parte de Londres, inclusive a catedral de St. Paul.

Isaac Newton e sua maçã

Samuel Pepys — escritor de diário

É, esse também já encontramos. Ele é famoso sobretudo por ter registrado num diário maravilhoso (e às vezes bem áspero) seu cotidiano em Londres. Também arranjou bons trabalhos, entre eles o de presidente da Royal Society por alguns anos.

Charles Montague — um contato útil

Montague era um boa-praça que se tornou conde de Halifax e, depois, ministro da Fazenda. Não se envolveu muito com a obra do Isaac, mas era uma ótima companhia e, mais tarde, se revelou bastante útil.

Guilherme III — rei

Era o rei, obviamente, o que o tornava uma pessoa que valia a pena conhecer.

Nicholas Fatio de Duillier — matemático suíço

Fatio, como o chamavam para abreviar seu nome, era vinte anos mais moço que Isaac e provavelmente o mais interessante da turma. Quando tinha vinte e poucos anos, já era considerado um gênio, e deu um jeito de se relacionar com todo tipo de pessoas brilhantes, entre elas o alemão Leibniz. Em 1689, arranjou um emprego que o levou a percorrer a Inglaterra com o grande acadêmico holandês Christiaan Huygens. Foi assim que conheceu o Isaac na Royal Society.

Fatio idolatrava os acadêmicos notáveis e em particular achava o Isaac extraordinário. Por sua vez, Isaac gostava muito daquele rapaz inteligente e vivo, e eles se tornaram amigos íntimos. Isaac talvez considerasse Fatio o filho que teria gostado de ter, ou talvez se sentisse apenas lisonjeado com o impacto que seu trabalho produzia num representante tão inteligente da nova geração. Como quer que fosse, encontravam-se sempre que podiam e se escreviam cartas muito afetuosas, quando estavam distantes. Quem sabe também não tinham um caso? Mas se assim fosse, pode ter certeza de que o Hooke não teria deixado de fazer algumas observações maldosas.

Está vendo? Se o Hooke não percebeu nada, é porque não havia nada.

Estudos obscuros e perigosos

Fatio trouxe consigo algumas ideias estranhas e incentivou Isaac a aprofundar o lado mais fantasmagórico das suas investigações. Depois do sucesso dos *Principia*, Isaac pensava em publicar algo ainda melhor, que conciliaria alquimia com religião, do mesmo modo que tratara a gravidade. Ele adoraria lançar um livro dizendo que a maneira cristã de cultuar Deus era totalmente errada e poder provar isso de forma absoluta, valendo-se da matemática e da ciência. Claro, se ele não encontrasse a tal prova absoluta, seria tachado de herético; por isso, como sempre, esses seus estudos tinham de ser mantidos em segredo. Eles também eram um bocado perigosos, tanto que houve outro incêndio em seu laboratório, provocado por seu cachorro Diamond, que derrubou uma vela.

Sua amizade com Fatio não durou muito. Fatio escreveu a Isaac em 1692 dizendo que estava à beira da morte, o que fez o Isaac entrar em pânico, mas na verdade Fatio viveu mais sessenta anos — logo, ele não estava tão ruim assim. Vai ver que o problema de Fatio era que, embora o Isaac o admirasse muito, a maioria dos outros acadêmicos começava a achar que ele e seu trabalho eram uma piada.

Após mais um ano de cartas e visitas, eles perderam contato. Fatio desapareceu e acabou indo fazer parte de uma seita francesa altamente secreta e desordeira.

Isaac adoece e fica bom

Além de idolatrar Isaac, Fatio o incentivou em suas pesquisas sobre os temas mais obscuros e perigosos. Quando ele se afastou, o Isaac não perdeu apenas o amigo mais íntimo, mas também a inspiração e a coragem para levar adiante seu trabalho. E, sem seu trabalho, o Isaac não era nada.

Afinal, novos amigos

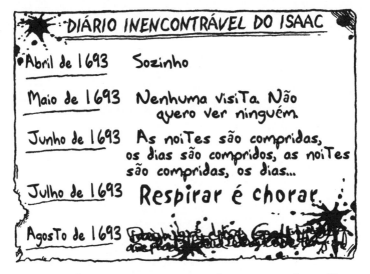

Agora chegamos a um ponto importante deste livro, porque depois disso o Isaac não faz mais nada em matemática ou ciência. Oba! Você deve estar pensando que não vai ter mais de enfrentar equações e outras coisas complicadas. Na verdade, você deve estar com a tentação de virar rapidamente as páginas do livro até o fim para ter certeza, não está? Então vire, ué, se é isso que você quer. Vai, a gente espera...

... Oi! Bem-vindo de volta. É, tem mais um ou dois trechos horrorosos bem no fim, mas como não se trata do Isaac, não vamos fazer muito estardalhaço em torno deles. Em vez disso, vamos ver como ele se tornou ainda mais detestável e intratável do que já era. Voltemos, pois, a 1693.

Foi só em setembro que o Isaac entrou de novo em contato com seus amigos de Londres, e ao fazê-lo mandou algumas cartas esquisitas e desagradáveis. Pepys e Locke receberam uma e tiveram bom-senso suficiente

Isaac Newton e sua maçã

para entender que Isaac estava gravemente enfermo. Foram vê-lo, e depois de muito esforço convenceram o Isaac a deixar que o ajudassem. Isaac aceitou o conselho de ir se juntar a eles em Londres para voltar à atividade, mas o que havia em Londres para ele fazer?

Perguntaram-lhe se não queria ser presidente da Royal Society, mas ele se recusou peremptoriamente...

Em todo caso, ele recebeu outra proposta muito simpática. Seu velho amigo Charles Montague acabara de assumir o cargo de ministro da Fazenda, e um dos seus departamentos era a Casa da Moeda, onde se cunhavam todas as moedas. Montague ofereceu ao Isaac o cargo de inspetor da Moeda.

O PESADELO DO FALSÁRIO

A proposta de Montague era para ser um ato de caridade. Como outros amigos do Isaac, Montague sabia o quanto a ciência devia a Isaac e a seus achados, e não podia suportar a ideia de que ele passasse o resto dos seus dias definhando na miséria (como Johannes Kepler). Insinuou-se também que Montague se interessara pela sobrinha do Isaac, Catherine, que fora para Londres e parece que era deslumbrante. Não importa a razão, Montague foi muito generoso, porque a única coisa que o inspetor da Moeda tinha de fazer era comparecer a meia dúzia de reuniões e embolsar 2 mil libras por ano. Um senhor salário, se a gente levar em conta que equivale a cerca de 1 milhão de libras [por volta de 3 milhões de reais] por ano hoje em dia!

Isaac não era dos que sentam na cadeira e embolsam o dinheiro, e encontrou na Casa da Moeda um novo tipo de desafio à sua espera, ao qual ele não podia resistir...

Isaac Newton e sua maçã

A moeda britânica estava em crise:

- De cada cinco moedas, uma era falsa.
- Metade das moedas tinha sido "aparada", isto é, tiraram-se pedacinhos do ouro ou da prata de que elas eram feitas. Esse metal era fundido e depois vendido.
- Os países estrangeiros começavam a se recusar a aceitar a moeda inglesa.

Se esses problemas não fossem rapidamente superados, a Inglaterra iria à bancarrota e a monarquia poderia ser derrubada, o que significaria a volta dos católicos!

DIÁRIO INENCONTRÁVEL DO ISAAC

Os caTólicos não! Odeio a crença deles mais aTé que a Igreja da InglaTerra! E se os caTólicos assumirem o poder, o país será novamenTe Tomado pelas guerras. E Todos os meus amigos que Têm cargos imporTanTes serão subsTiTuídos por heréTicos ignoranTes! Isso não pode aconTecer! Vou Ter de pôr mãos à obra!

A sede da Casa da Moeda era a Torre de Londres, e quando o Isaac foi lá pela primeira vez, descobriu que o diretor da Moeda, Thomas Neale, era um preguiçoso imprestável. Antes que Neale se tocasse, Isaac se instalou na sala ao lado e assumiu plenamente a direção da casa.

O pesadelo do falsário

Para tentar resolver o problema do dinheiro, a Casa da Moeda tinha começado a produzir uma nova família de moedas, mais difíceis de falsificar. A impressão da cara e da coroa era muito melhor, e, o mais importante, as bordas das moedas agora eram serrilhadas, isto é, tinham pequenas ranhuras, o que permitia verificar se um pedaço do metal fora retirado. Mas essas novas moedas não estavam sendo produzidas com a rapidez necessária; assim, a primeira tarefa do Isaac era apressar a cunhagem.

Folhas Populares

Agosto de 1696

MUDANÇA TOTAL NA CASA DA MOEDA!

O inspetor da Moeda instalou novas máquinas para produzir moedas oito vezes mais rápido do que antes. Trezentos homens e cinquenta cavalos são utilizados das quatro da manhã até a meia-noite, produzindo mais de £100 000 de dinheiro novo por semana.

Um operário exausto disse: "Faço um turno de dez horas, e já é muito! Sir Isaac às vezes trabalha vinte horas seguidas!".

Sir Isaac, 53, não foi localizado pela reportagem. Ao que parece, estava trabalhando.

Isaac Newton e sua maçã

O novo dinheiro que entrou em circulação dificultou a vida dos "aparadores", mas não resolveu o problema de todas as moedas falsas que surgiam. Apesar de os falsários poderem ser punidos com a forca, havia tanta gente pobre que a tentação de fabricar alguns xelins falsos era grande demais — isso, até o Isaac aparecer.

Isaac percebeu que os falsários viam os esforços da Casa da Moeda como uma piada, e ele não podia suportar a ideia de que rissem dele. Iria fazer os falsários engolir a risada, por isso ele próprio saiu à caça dos ditos-cujos.

Seria uma ação perigosa para qualquer um, mas especialmente para o Isaac. A única vez que ele pusera os pés num bar, e apenas por alguns momentos, tinha sido trinta anos antes, na época em que morava com o Wickins. Agora ele teria de ir aos mais asquerosos, miseráveis e sujos antros de Londres para capturar os contraventores.

No início, o Isaac não se entusiasmou muito com a ideia de entrar nesse mundo estranho e sórdido, mas, como fazia

O pesadelo do falsário

com tudo o mais, concentrou-se no problema e começou até a gostar da coisa. Acompanhado por alguns brutamontes bem armados, entrava em tudo quanto é lugar e interrogava quem ele achava que podia ter algo a dizer. Não eram tanto seus auxiliares mal-encarados que metiam medo, mas o próprio Isaac, com sua cara de poucos amigos, seus cabelos prateados, seus olhos de gavião e sua fúria medonha, capaz de reduzir o maior durão a uma teteia tremelicante. Isaac também colheu informações de todo o país, e até se criou uma lei especial para ajudá-lo.

• Quem denunciava um aparador recebia uma recompensa.
• Um aparador detido que denunciasse outros dois aparadores era solto.

Nem é preciso dizer que só se falava nele. Isaac fazia questão de estar presente nos julgamentos dos falsários sempre que possível, e o resultado foi que centenas deles foram para a cadeia e dúzias deles foram enforcados; o Isaac até assinava o mandado de enforcamento! Os contraventores não sabiam com quem estavam lidando...

Isaac fisga um peixe graúdo

Quase todos os falsários e aparadores se encontravam nos bairros populares, porém o mais importante deles vivia em grande estilo no elegante bairro de Kensington. William Chaloner era todo prosa, e embora frequentasse a alta-roda, ninguém sabia como ganhava dinheiro. Ele dizia que era inventor, e teve até o atrevimento de sugerir que as máquinas da Casa da Moeda deviam ser substituídas pelas dele. Isaac, reservado como sempre, nem o

Isaac Newton e sua maçã

deixava chegar perto da casa, e Chaloner desconfiou que o novo inspetor iria lhe criar encrenca. Tratou então de acusar as máquinas do Isaac de estarem produzindo moedas falsas.

DIÁRIO INENCONTRÁVEL DO ISAAC

Acusado de falsificação!!! Nunca! Tudo o que faço é puro, requintado, refinado acima de qualquer crítica. Mas e se acreditam no Chaloner? E se submetem meu Trabalho a um inquérito? Podem encontrar meus pensamentos secretos sobre religião e ficar sabendo das minhas práticas de alquimia! Eu seria muito prejudicado, se descobrissem isso! Preciso calar a boca do Chaloner.

Preciso **PRECISO**

Se Chaloner achava que sua acusação era engraçada, enganou-se feio. Isaac começou a investigá-lo, colhendo os menores murmúrios, e logo ficou sabendo que ele era um grande falsário. Isaac não demorou a mandá-lo para a cadeia, mas Chaloner tinha amigos nas altas esferas e pediu que o ajudassem a sair da prisão. Para horror do Isaac, o falsário foi libertado.

Mas Chaloner não pavoneou por muito tempo, porque quando Isaac começava uma coisa, ia até o fim. Apesar das ameaças de morte que recebeu, ele foi à luta para acabar com o contraventor, usando de suborno, intimidação e o que fosse preciso para obter as provas de que

O pesadelo do falsário

necessitava. Chaloner conseguiu ludibriar a lei por dezoito meses, durante os quais delatou comparsas e até matou com as próprias mãos um ou dois informantes — mas isso não iria adiantar nada. Quando a acusação contra Chaloner foi enfim apresentada por Isaac, ela era cem por cento concreta. Se um dos amigos do falsário tentou salvá-lo, deu murro em ponta de faca. Numa derradeira tentativa para se safar, Chaloner escreveu uma carta a Isaac pedindo por sua vida.

Em 1699, Chaloner foi enforcado e esquartejado em Tyburn, que era um lugar muito apreciado para tais eventos. É difícil imaginar ver alguém ser enforcado até morrer, ser derrubado da corda, ter as tripas arrancadas e queimadas, depois ser cortado em quatro pedaços palpitantes bem em frente de um shopping center, não é? Mas era assim que acontecia em Tyburn, e foi assim que aconteceu, e todo mundo foi lá assistir, com sua cestinha de piquenique. Um bom programa familiar, não acha?

AS HORAS LIVRES DO ISAAC

Para qualquer pessoa normal, trabalhar na Casa da Moeda e caçar falsários já teria sido mais que suficiente. Claro que, para o Isaac, o dia tinha 24 horas e só pouquíssimas delas deveriam ser desperdiçadas com o sono.

Uma pequena diversão para tirá-lo das moedas do país veio do matemático alemão Leibniz, que pensara num problema relativo à gravidade. Ele e o suíço Bernoulli estavam entusiasmados com o caso, tanto que desafiaram todo mundo a dar a resposta.

Quando uma cópia do desafio chegou às mãos do Isaac depois de uma longa jornada de trabalho na Casa da Moeda, ele declarou que não queria ser incomodado com aquele gênero de quebra-cabeça idiota. Reação típica dele: lembre-se de que, naquela época, ele ainda estava mantendo toda a sua matemática em segredo e andara tendo brigas furiosas com o Leibniz por causa do cálculo diferencial. Mas a tentação era demais para Isaac, e às quatro da manhã seguinte, quando começou a trabalhar, ele já tinha escrito a solução. Mandou-a sem assinar, mas Leibniz descobriu imediatamente de onde ela viera.

As horas livres do Isaac

Apesar de ter sido uma delícia deixar o Leibniz fora de si com a solução daquele probleminha, Isaac também começou a perturbar alguém que não merecia tal sorte.

Você deve estar lembrado de John Flamsteed, o astrônomo real com quem já topamos, que fazia das tripas coração para determinar os movimentos das estrelas e planetas com a maior precisão possível. Suas observações foram particularmente úteis ao Isaac quando este trabalhava nos *Principia*, logo você deve achar que o Isaac era muito grato a ele. Infelizmente, para o Isaac era difícil reconhecer a ajuda de outros, e Flamsteed não se deixou impressionar pela ligeira menção que acabou recebendo no livro, apesar de não ter dito quase nada sobre isso na época. Sua suscetibilidade ficou ainda mais ferida porque tempos atrás tivera desavenças com Halley, partidário do Isaac.

Em 1694, Isaac pensava em publicar uma versão atualizada dos *Principia*, e se pôs a atormentar Flamsteed com pedidos de informações mais detalhadas sobre a Lua. Amavelmente, Flamsteed concordou em fornecê-las, mas precisava de tempo para se certificar de que todas as observações e cálculos estavam cem por cento corretos. Com o passar dos meses, Isaac foi ficando cada vez

Isaac Newton e sua maçã

mais impaciente, e quando Flamsteed tentou se apressar, alguns erros começaram a aparecer.

Isaac ficou muito contrariado com isso e sugeriu a Flamsteed que se limitasse a olhar em seu telescópio e anotar o que observava; que parasse de tentar fazer cálculos, mesmo os mais simples, porque não era bom nisso. Era ser duro demais com uma pessoa com a capacidade de Flamsteed, e ninguém ousou dizer ao Isaac que ele estava sendo extremamente grosseiro. Coitado do Flamsteed! Aquele trabalhão todo, tanto esforço, para no fim das contas só receber desaforo em troca!

Presidente Isaac

Em 1699, deram a Isaac o cargo de Neale, de diretor da Moeda, que ele conservaria pelo resto da vida. Isso lhe proporcionou um belo aumento de salário, mais que merecido por sinal, pois ele foi o primeiro alto funcionário da Moeda a fazer jus à sua remuneração. No entanto, as atividades que tanto lhe agradavam começaram a diminuir, e passados alguns anos Isaac descobriu ter mais tempo à sua disposição.

Em 1701, renunciou ao cargo de professor lucasiano e continuou por mais um ano no Parlamento. Nesse período, começou a tornar públicos textos que descreviam parte dos

As horas livres do Isaac

trabalhos científicos mantidos em segredo até ali, mas o tempo todo estava à espera de algum novo desafio.

É nesta altura que vamos nos despedir de um dos principais personagens deste livro:

Pois é, Robert Hooke morreu em 1703, mas até o fim manteve seu cargo de secretário da Royal Society.

Espera aí, Isaac, aceita o quê?

A sociedade lhe deu a presidência porque estava na cara que ninguém chegava aos pés dele em matéria de genialidade. Ninguém chegava aos pés dele também em

Isaac Newton e sua maçã

matéria de maus modos, porque a primeira coisa que ele fez foi tirar o retrato de Hooke da parede e queimá-lo.

A sociedade tinha andado meio preguiçosa nos anos anteriores, e, acima de tudo, seus presidentes não se preocuparam nem um pouco em sacudi-la. Só que não era esse o estilo do Isaac, que resolveu voltar a animá-la.

- Lembrou as reações que provocara trinta anos antes ao apresentar seus prismas e seu telescópio, e providenciou para que em todas as reuniões se mostrasse uma experiência aos membros da sociedade.
- Sem Hooke no caminho, foi persuadido a divulgar todas as descobertas de que tratara em seu grande livro, *Óptica*. Publicou em latim e em inglês, cuidando de que ficasse o mais simples possível, para que todo mundo pudesse aproveitar.
- Junto com a *Óptica*, também publicou suas *Fluxões*. Como você pode ver na página 66, as fluxões originaram um choque violentíssimo com Leibniz, que publicara seu cálculo diferencial vinte anos antes. Os dois

As horas livres do Isaac

pesos pesados intelectuais irritaram um ao outro com acusações e grosserias, e mesmo depois da morte de Leibniz, em 1716, Isaac nunca perdeu nenhuma chance de escrever ou dizer algo perverso sobre ele.

Com todas essas brigas, publicações, demonstrações, queima de retratos e tudo o mais, a sociedade voltou a ser um lugar onde as coisas aconteciam. O próprio Isaac deve ter sido uma das suas principais atrações como seu taciturno mas brilhante presidente, e em vinte anos só faltou a três reuniões.

Sir Isaac

É verdade: em 1702, o amigo do Isaac, o rei Guilherme III, de uma queda foi ao chão, depois para debaixo dele, juntando-se à sua falecida esposa, Maria. O trono foi para a irmã de Maria, Ana, mas a nova rainha teve de batalhar um bocado para que a apoiassem. Para tanto, tratou de conceder honrarias a gente influente, e evidentemente Isaac, presidente da Royal Society, diretor da Moeda e o maior cientista de todos os tempos, estava no topo da sua lista. Em maio de 1705 ela o fez cavaleiro.

Isaac Newton e sua maçã

Uma armadilha ignóbil

O fato de estar às turras com Leibniz não significava que o Isaac não tivesse tempo para perturbar outros. Como sabemos, ele já tinha aprontado com o astrônomo real, John Flamsteed, e as coisas estavam indo de mal a pior. O Observatório Real era subordinado à Royal Society, portanto, como presidente da sociedade, Isaac era responsável por ele.

Embora Flamsteed fizesse muitos trabalhos para outros — em especial para Isaac —, via seu trabalho pessoal como a coisa mais importante do mundo. Anos a fio mapeara os céus com seu equipamento e fizera registros meticulosos para uso próprio, mas de repente Isaac decidiu que os queria. Mandou Flamsteed pôr tudo à sua disposição, mas este se recusou pelo máximo tempo possível a fazê-lo. Isso não foi nada bom para ele, porque outros membros da sociedade acharam que Flamsteed estava deliberadamente obstruindo o superior trabalho do seu presidente.

Isaac acabou preparando uma armadilha ignóbil. O marido da rainha Ana, Jorge, não era um grande gênio, mas tinha declarado um vago interesse por astronomia. Isaac o convenceu a encomendar um guia completo das estrelas, e obviamente, como astrônomo real, Flamsteed não pôde se negar a atender o pedido.

As horas livres do Isaac

Pobre Flamsteed! Ser obrigado a entregar o trabalho de toda uma vida em troca de uma quantia ridícula! Ele fez o que pôde para adiar a coisa. Enrolou o Isaac durante sete anos, mas, para seu desespero, seu velho inimigo Halley acabou recebendo a incumbência de editar e publicar tudo o que ele fizera. Quatrocentos exemplares foram impressos, o que tornou os estudos privados do Flamsteed disponíveis a quem pudessem interessar.

Para aumentar a mágoa do astrônomo real, quando Isaac publicou a versão atualizada dos *Principia*, retirou quase todas as referências a ele, embora tivesse utilizado uma porção de dados fornecidos por Flamsteed. Isso mostra que sujeitinho nojento o Isaac podia ser! Apesar de sempre ter mantido seu trabalho o mais secreto possível, não teve o menor escrúpulo em usar o enorme trabalho do Flamsteed na sua obra e não lhe dar nada em paga, nem mesmo um agradecimento. Dá para ser tão ignóbil?

Flamsteed acabou esboçando um triste gesto de vingança. Alguns anos depois, teve a oportunidade de comprar a maioria dos exemplares do seu próprio livro e os empilhou nos jardins do Observatório Real.

Isaac Newton e sua maçã

Os livros gorados do Isaac

Mesmo na casa dos setenta, Isaac ainda trabalhava na Royal Society e na Casa da Moeda (e ainda estava mandando falsários para o xadrez). Leibniz tentou pegá-lo de novo com um quebra-cabeça diabólico, mas como da outra vez Isaac o resolveu durante a noite e foi trabalhar normalmente no dia seguinte. Isaac também tentou pôr novamente no papel suas crenças religiosas, para ver se conseguia apresentá-las de forma aceitável, mas não deu certo. (Semanas antes de morrer, ele fez questão de queimar uma porção de papéis que afirmou serem apenas documentos sem importância da Casa da Moeda — mas dá para acreditar? O mais provável é que fossem tão suspeitos que ninguém jamais deveria conhecê-los.) E a vida seguiu seu rumo sem maiores novidades, exceto por um par de livros confusos que ele escreveu.

Cronologia corrigida dos reinos antigos

Esse título esquisito revela que o Isaac redefiniu as datas dos acontecimentos da história antiga. A ideia era boa: baseava-se em seus estudos do céu, os quais mostravam que, com o correr dos séculos, a posição das estrelas e planetas se modificara regularmente. Como vários dos textos antigos que ele lera traziam detalhes minuciosos do céu, Isaac concluiu que dava para fazer uma boa estimativa das datas de algumas dessas velhas histórias. (Por exemplo, ele calculou que o conto épico grego "Jasão e os argonautas" havia ocorrido em 937 a. C., ou seja, era muito mais recente do que se pensava.) Ele conhecia particularmente bem as histórias de gente como Moisés no Antigo Testamento da Bíblia, e insistiu que o antigo reino de Israel foi a primeira civilização verdadeira e que outras, como a grega e a romana, apenas a sucederam, desenvolvendo suas próprias ideias.

Infelizmente, esse seu livro de cronologia era uma mistura tão maluca de astronomia, Escritura e matemática, que ninguém o entendeu direito. Seu último livro não foi melhor:

Observações sobre as profecias de Daniel e o Apocalipse de são João
Além de o título ser tão pouco chamativo quanto o anterior, a obra era uma árida leitura baseada nos estudos bíblicos que ele fizera ao longo de meio século. O mais interessante no livro é que o Isaac calculou que o mundo acabaria em 2132: não esqueça de anotar na sua agenda.

Esses dois livros eram tão estrambóticos que só foram publicados depois da morte do Isaac.

ISAAC OBTÉM SUA RESPOSTA FINAL

Isaac teve sorte, porque ao contrário do que ocorria com a maioria das pessoas na época, a boa saúde o acompanhou até a casa dos oitenta. Seu processo de debilitação foi rápido, e a sobrinha Catherine e o marido dela, John Conduitt, cuidaram do cientista em seus últimos dias. Na verdade, foi Conduitt que resolveu mais tarde pesquisar e escrever tudo o que pôde sobre o Isaac, e sabemos o que sabemos graças a ele.

Isaac permaneceu consciente até o fim. Tem uma história bonitinha sobre isso: ele ia todo trôpego para a igreja,

Isaac obtém sua resposta final

quando lhe ofereceram uma carona; Isaac arreganhou os dentes e disse: "Quem tem pernas, usa as pernas".

E não demorou a chegar a manhãzinha do dia 20 de março de 1727.

Interessante essa pergunta, sobre a qual o Isaac passou a vida toda meditando. Pouco antes de ele morrer, um padre foi visitá-lo, mas Isaac se recusou a receber a extrema-unção. Suas crenças já não poderiam escandalizar ninguém, nem lhe causar problemas. Para Isaac, a morte deve ter sido a derradeira experiência por meio da qual ele obteria a resposta final para a maior de todas as perguntas:

"Onde está Deus?"

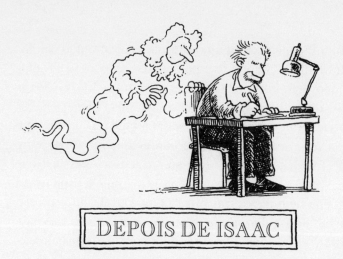

DEPOIS DE ISAAC

O corpo do Isaac foi sepultado na abadia de Westminster, no dia 4 de abril de 1727, numa grande cerimônia, mas seu trabalho sobreviverá para sempre.

E então, ele acertou tudo?

A resposta é SIM.

Bem, talvez nem tudo, mas se a gente pensar que o Isaac mudou completamente o modo de compreender a ciência, qualquer correçãozinha que se faz parece ridícula. De fato, passados trezentos anos, só se encontraram alguns detalhes a aprimorar. Um deles é que Isaac sugeriu que um feixe de luz era feito de uma porção de partículas minúsculas.

Sim, mas foi só isso, uma sugestão. Nenhum de vocês tinha certeza, portanto volte para o seu caixão.

Hoje sabemos que a luz é uma forma de radiação ele-

Depois de Isaac

tromagnética, isto é, o mesmo tipo de coisa que as ondas de rádio. Quer dizer então que, uma vez na vida, Hooke chegou mais perto da verdade do que Isaac? Assim pareceu por um bom tempo, mas ultimamente os cientistas estão começando a pensar que essa radiação também pode envolver partículas estranhas. Poderíamos falar a respeito disso, mas depois de um livro inteiro sobre Isaac Newton é um pouco tarde para tapar o nariz e mergulhar de cabeça na chamada "teoria quântica". Logo, esqueçamos.

Outra coisa que o Isaac não acertou cem por cento foi F = MA, mas só duzentos anos depois apareceu outro gênio que nos explicou por quê. Albert Einstein se preocupou em saber o que acontecia quando as coisas viajavam à velocidade da luz, e acabou percebendo que a equação do Isaac necessitava de um pequeno retoque. Em vez de F = MA, Albert disse que a equação deveria ser:

$$F = \frac{MA}{\left(1 - \frac{v^2}{c^2}\right)^{\frac{3}{2}}}$$

(claro, v é a sua velocidade, e c é a velocidade da luz)

... mas, a não ser que você viaje a vários milhares de quilômetros por segundo, a alteração do Albert não vai fazer a menor diferença.

ALICE SE DESPEDE

Cento e cinquenta e cinco verões se passaram no jardim de Woolsthorpe desde que Alice deixou cair sua maçã. Sob os seus galhos, muitas gerações de crianças brincaram, cresceram e tiveram seus filhos.

Alice talvez tenha se perguntado se uma das suas sementes encontrou um lugar adequado para deitar raízes e crescer. A única coisa de que podia ter certeza era que, se as suas não vingaram, outras o fizeram, e desse modo o ciclo natural continuaria. Há alguns anos, a casca de Alice começou a endurecer e uma doença causada pela umidade infestou a parte interna do seu corpo. Alice sabia que era hora de se despedir, e assim, certa manhã de outono, ela teve uma vaga consciência do talho regular de um machado em sua base. Não sentiu dor nem tristeza: tinha feito tudo o que se esperara dela.

Muito mais, até.